EUROPAVERLAG

PHYLLIS OMIDO
ANDREA C. HOFFMANN

Mit der Wut einer Mutter

Die Geschichte der afrikanischen
Erin Brockovich

EUROPAVERLAG

© 2019 Europa Verlag GmbH & Co. KG, München
Covergestaltung: Hauptmann & Kompanie Werbeagentur, Zürich,
unter Verwendung von Fotos von: © Tania/contrasto/laif
und © Jalan Sahba/EyeEm/Getty Images
Redaktion: Heike Gronemeier
Layout & Satz: Danai Afrati & Robert Gigler
Druck und Bindung: Pustet, Regensburg
ISBN 978-3-95890-280-0
Alle Rechte vorbehalten.
www.europa-verlag.com

Gewidmet den Menschen von Owino Uhuru,
die an den Folgen der Bleivergiftung gestorben sind.

Inhalt

Vorwort
von John H. Knox
und Daniel Magraw

Phyllis Omido ist eine außergewöhnliche Frau. Die ergreifende Geschichte dieser jungen Mutter, die unbeirrt für ihr Kind und die Gemeinschaft kämpft, obwohl ihr immer wieder vehementer, teils sogar brutaler Widerstand vonseiten der Industrie und Regierung entgegenschlägt, zeugt nicht nur von Phyllis Omidos unheimlicher Stärke, ihrem Engagement und ihrer Intelligenz. Sie zeugt auch davon, dass es der Einsatz des Einzelnen sein kann, der den Unterschied macht, wenn es darum geht, gegen Umweltzerstörung vorzugehen und Menschenrechte zu schützen. Angesichts der unzähligen Hürden, die einem im Kampf um Gerechtigkeit begegnen, zeigen uns Geschichten wie die von Phyllis Omido, was man alles erreichen kann, egal wie groß die Herausforderung auch sein mag.

Phyllis' Geschichte zeigt aber auch, dass keiner eine Insel ist – wir alle brauchen die Unterstützung anderer. Und manchmal braucht es mehr als nur ein Dorf, um gegen gefährliche Umweltsünden vorzugehen, die das Recht auf Leben und Gesundheit bedrohen. Phyllis hat diesen Kampf mit nicht mehr als ihrem unerschütterlichen Willen begonnen. Aber sie hat sich auch Unterstützung gesucht – sowohl innerhalb als auch außerhalb ihres Umfelds. Ihre Verbündeten waren Taxifahrer und Mitarbeiter aus dem Gesundheitswesen, Umweltexperten und Dorfvorsteher, aber auch internationale Umwelt- und Menschenrechtsorganisationen sowie Vertreter der Vereinten Nationen. Was Betroffene in ähnlichen Situationen aus Phyllis' Geschichte lernen können, ist klar: Es gibt oft mehr potenzielle Mitstreiter, als man denkt, man muss nur bereit sein, sie zu suchen und ihren Ratschlägen zuzuhören.

So unterschiedlich jeder einzelne Fall im Kampf um Menschenrechte und Umweltschutz gelagert sein mag, so sehr ähneln sich die Strategien, die am Ende zum Erfolg führen: Zunächst muss nicht nur erkannt werden, dass ein Problem vorliegt, sondern auch sorgfältig untersucht werden, wo genau das Problem liegt und wodurch es hervorgerufen wird; dann müssen Lösungsansätze identifiziert und Unterstützer für die eigene Sache gefunden werden; es gilt, wichtige Akteure davon zu überzeugen, dass gehandelt werden muss; und am Ende muss die Umsetzung der nötigen Maßnahmen genau überwacht werden. Phyllis hat all das getan. Uns die Schritte ihres Kampfes zu vergegenwärtigen, sensibilisiert uns für die Schwierigkeiten und Sorgen anderer und hilft uns, Wege zu finden, um ihnen zu helfen.

Phyllis' Geschichte ist nicht nur faszinierend, weil sie zeigt, wie man auf lokaler Ebene erfolgreich für Umweltschutz und Menschenrechte kämpfen kann. Sie ist auch deshalb so wertvoll, weil sie von den großen persönlichen Herausforderungen erzählt, vor denen Phyllis immer wieder steht, und dem ungeheuren Mut, den sie dabei aufbringen muss. Ihre Geschichte kann uns alle inspirieren, Gutes zu tun und selbst dann weiterzumachen, wenn wir vor scheinbar unüberwindbaren Hindernissen stehen.

Bemerkenswert ist auch Phyllis' Bescheidenheit. Denn was in ihrem Buch nicht ausreichend deutlich wird, ist, wie sehr ihr unermüdlicher Einsatz und ihr Wissen dazu beigetragen haben, den Themen Umweltschutz und Menschenrechte weltweit mehr Beachtung zu schenken. Phyllis' herausragende Beiträge bei Veranstaltungen des UN-Menschenschenrechtsrats oder des Umweltprogramms der Vereinten Nationen (UNEP) in Nairobi, Genf und andernorts haben internationalen Organisationen wie der UN dabei geholfen, die Arbeit von Menschenrechtsaktivisten im Umweltbereich besser verstehen und unterstützen zu können. Phyllis' Geschichte steht symbolisch für die Situation Tausender Männer und Frauen weltweit, die mit den Folgen von umweltzerstörendem Handeln zu kämpfen haben, wenn machtvolle Global Player für den schnellen Profit Wasser, Boden und Luft verseuchen, Ressourcen und Wälder plündern oder ihren Giftmüll entsorgen. Es sind Menschen wie sie, die an vorderster Front für den Schutz der Umwelt und die damit verbundenen Menschenrechte kämpfen. Und am Ende kämpfen sie auch für uns, da wir alle Teil der Weltgemeinschaft sind.

Ihr Kampf ist jedoch ein gefährlicher, wie auch Phyllis' Geschichte zeigt. Recherchen der internationalen Menschenrechtsorganisation Global Witness zufolge, werden jedes Jahr rund 200 Menschenrechtsaktivisten weltweit ermordet – das sind im Durchschnitt vier Personen pro Woche. Vielerorts werden Aktivisten zudem massiv bedroht, erleiden physische Gewalt oder werden unrechtmäßig inhaftiert. Wie der Fall von Phyllis und ihren Kollegen zeigt, wird dabei oft die gesamte Familie bedroht, sei es durch die Entführung von Angehörigen oder andere Formen der Einschüchterung und Gewalt.

Indem Phyllis so offen und eloquent von ihrem Kampf berichtet, hat sie maßgeblich dazu beigetragen, dem Thema Menschenrechte und Umwelt international Gehör zu verschaffen und bessere Handlungsstrategien zu entwickeln. Ihre großartige Auto-

biografie hilft uns zu begreifen, wie wichtig die Arbeit von Um-
welt- und Menschenrechtsaktivisten ist, um unseren Planeten –
und damit unser aller Lebensgrundlage – zu bewahren.

JOHN H. KNOX,
UN-Sonderberichterstatter
für Menschenrechte und Umwelt

DANIEL MAGRAW,
Professor für Völkerrecht, Johns Hopkins School of
Advanced International Studies, Washington D.C.

KAPITEL 1
Der neue Job

Die auf Hochglanz polierte Schuhspitze des Notars wippt gemächlich im Takt seiner Worte auf und ab. In einschläferndem Singsang leiert er den Text des Kaufvertrags herunter, während ich krampfhaft versuche, nicht auf die Uhr zu schauen. Ich kenne den Text so gut wie auswendig. In den vergangenen Wochen bin ich ihn immer wieder durchgegangen, habe mit meinem Boss Änderungen besprochen und diese an den Notar weitergeleitet. Jetzt warte ich eigentlich nur noch darauf, das Dokument stellvertretend für meinen Chef zu unterzeichnen. Doch wenn der Notar in diesem Tempo weiterliest, sitzen wir morgen noch hier.

»Haben Sie diese Passage verstanden, Frau Omido?«, erkundigt er sich zum wiederholten Mal.

»Ja, natürlich.«

Ich habe Mühe, meine Ungeduld zu verbergen. Der Notar weiß doch, dass der indische Immobilienhändler, für den ich arbeite, mir quasi das gesamte Mikromanagement seiner Liegenschaften überlässt, wenn er auf Reisen ist: Ich kümmere mich um die Vermietung seiner Büro- und Gewerbeflächen in Mombasa, besichtige neue Objekte und handele Deals für ihn aus. Er vertraut mir blind. Wenn es um eine Kauf- oder eine Verkaufsentscheidung geht, bin ich diejenige, die den Daumen hebt oder senkt; ich besitze auch eine Vollmacht, um Verträge zu zeichnen.

Dieses Vertrauen kommt nicht von ungefähr. Seit Jahren bin ich für ihn da, wann immer er mich braucht, selbst Nachtschichten habe ich für ihn geschoben. Doch seit ich meinen kleinen Jungen habe, kann ich nicht mehr frei über meine Zeit verfügen. So gerne ich mit hundertprozentigem Einsatz weiterarbeiten würde – als alleinerziehende Mutter ist mir das nicht länger möglich. Und die einzige Lösung, die uns beiden helfen würde, erlaubt mein Boss nicht. »Ein Kind hat bei der Arbeit nichts zu suchen, Phyllis. Besorg dir eine Kinderfrau«, mit diesen Worten schmettert er meine regelmäßigen Bitten, meinen Sohn King mit zur Arbeit bringen zu dürfen, ab. Und deshalb sitze ich jetzt hier auf glühenden Kohlen, meine übervollen Brüste schmerzen, und ich platze schier vor Ungeduld. Noch fünf Seiten. In einer halben Stunde erwartet mich zu Hause die Babysitterin. Als der Notar endlich zum Ende kommt, setze ich hastig meine Unterschrift unter den Vertrag.

»Herzlichen Glückwunsch«, sagt der Notar und schüttelt zuerst die Hand des Verkäufers, dann meine. Sonst fühle ich mich nach so einer Unterschrift fast immer selbst ein bisschen wie die neue Besitzerin der Grundstücke, doch heute will ich nur noch weg. Aber mit meinem eng anliegenden Businesskostüm und den High Heels kann ich die Treppe nur langsam hinunterstaksen. Vor dem Bürogebäude parkt der Wagen meines Chefs, den ich als Dienstwagen benutzen darf, wenn er außer Landes ist: ein schicker weißer Toyota. Auch in ihm darf ich meinen Sohn nicht transportieren, da er die weißen Ledersitze ruinieren könnte. Nicht ganz zu Unrecht, wenn ich ehrlich bin. Ich streife die unbequemen Schuhe ab, schlüpfe in ein Paar Sneaker und trete das Gaspedal durch. Es ist 13:45 Uhr, höchste Zeit, dass ich nach Hause komme, in mein anderes Leben.

Dieses andere Leben ist weit weniger elegant. In meiner Wohngegend, einem unspektakulären Außenbezirk von Mombasa, besitzen die meisten Nachbarn jedenfalls kein Auto – und der

Toyota fällt immer ziemlich auf, wenn ich ihn vor unserem Mehrfamilienhaus parke. Dort habe ich im ersten Stock eine Zweizimmerwohnung gemietet, die ich mir mit meinem Sohn und mit meinem jüngeren Bruder Silas teile. Silas ist 24 Jahre alt und studiert Maschinenbau. Wenn es sich einrichten lässt, hilft er mir, auf King aufzupassen. Aber diese Woche hat er von morgens bis abends Prüfungen. Also habe ich eine Babysitterin angeheuert, ein Mädchen vom Land. Sie ist erst kürzlich zu ihren Verwandten in die Stadt gezogen, um hier Geld zu verdienen. Ich kenne sie kaum. Auch deshalb habe ich ein mulmiges Gefühl, als ich zurück nach Hause fahre. Es ist emotional nicht leicht, sein Kind in der Obhut von Fremden zu lassen. Andererseits bleibt mir nichts anderes übrig: Ich kann es mir nicht leisten, meinen Job aufzugeben, denn ich bin die Alleinverdienerin für meinen Sohn, meinen Bruder und mich selbst. Kings Vater hat mich bereits während der Schwangerschaft verlassen.

Als ich die Tür zur Wohnung öffne, fällt mir als Erstes der eigentümlich süßliche Geruch auf.

»Wo ist King?«, frage ich das Mädchen, das mir auf dem Flur entgegenkommt.

»Er schläft«, behauptet sie.

»Um diese Zeit?« Das macht er sonst nie! Gerade jetzt, gegen Mittag, wenn er noch nichts zu essen bekommen hat, ist der Junge normalerweise hellwach. Er wird doch nicht krank sein? Besorgt eile ich ins Schlafzimmer. Aber Kings Bettchen ist leer.

»Wo ist er?«, frage ich das Mädchen, das mir gefolgt ist.

»In der Küche.«

»Er schläft in der Küche?«

Dort finde ich King mit dem Kopf auf der Tischplatte. »King!«, schreie ich. »King!«

Er rührt sich nicht. Jetzt erst vernehme ich das leise Zischen im Raum. In diesem Moment wird klar, was passiert ist. Ich hechte zum Herd, drehe den Gashahn zu, reiße das Küchenfenster weit auf und herrsche das Mädchen an, die restlichen Fenster in der Wohnung ebenfalls zu öffnen. Dann nehme ich King hoch und versuche, ihn zurück zu Bewusstsein zu bringen. Doch erst als ich ihm etwas Wasser über den Kopf kippe, flattern seine Augenlider leicht.

»King, mein Kleiner! Gott sei Dank.« Ich bedecke sein nasses Gesicht mit Küssen. King sieht mich benommen an. »Alles ist gut, King, Mami ist da«, beruhige ich ihn und wiege ihn in meinen Armen.

Nachdem ich King versorgt und ihm etwas Frisches angezogen habe, knöpfe ich mir das Mädchen vor: »Was hast du nur getan? Der Junge hätte tot sein können! Du übrigens auch, du dumme Gans!«

»Ja, aber … Was habe ich denn getan?«, fragt sie unter Tränen. »Ich wollte doch nur Wasser warm machen. Aber das Feuer ging nicht an.«

Offenbar hat sie keine Ahnung, wie ein Gasherd funktioniert. Wahrscheinlich kocht man in ihrem Dorf noch über dem offenen Feuer. Am liebsten würde ich sie sofort feuern. Aber ich muss am Nachmittag zurück ins Büro. Wenn ich King nur mitnehmen könnte! Dann wären alle meine Probleme gelöst.

Der Gedanke lässt mich auch in den folgenden Tagen nicht mehr los. Es gibt doch bestimmt Arbeitgeber, die in der Kinderfrage offener sind als mein Boss. Ich muss sie nur finden und gleich bei der Einstellung die Konditionen entsprechend verhandeln. Noch einmal riskiere ich es bestimmt nicht, dass eine Landpomeranze mein Kind fast umbringt.

Beim Grübeln über einen Ausweg aus dieser vertrackten Situation kommt mir eine Idee: Meine Freundin Savanna, die ich noch vom Business-College her kenne, arbeitet für eine Behörde, die ausländische Investoren nach Kenia lockt und ihnen Produktionslizenzen ausstellt, die »Export Processing Zone Authority« (EPZ). Sie ist immer bestens informiert darüber, welche internationalen Firmen auf dem Weg in unser Land sind. Vielleicht kann Savanna mir helfen? Spontan lade ich sie zu mir zum Lunch ein. Früher sind wir oft zusammen in ein Fast-Food-Restaurant gegangen, aber mit meinem Sohn ist es daheim entspannter.

Mein Bruder Silas erwartet uns bereits in der Tür, weil er gleich eine Vorlesung hat – er hasst es, zu spät zu kommen. Mein ruhiger, gewissenhafter Bruder ist ein richtiger Streber, was sein Studium angeht. Ich finde das gut, denn ich will ja, dass er Erfolg hat. Meine Mutter wäre riesig stolz, wenn sie noch erleben könnte, wie er seinen Abschluss als Ingenieur macht. Deshalb nehme ich es Silas nicht übel, dass er sich so kurz angebunden von mir verabschiedet, als ich mit Savanna im Treppenhaus auftauche. Glücklicherweise habe ich den Rest des Tages keine Termine mehr.

Kaum betreten wir die Wohnung, beansprucht King meine ungeteilte Aufmerksamkeit. Dass ich eine Freundin im Schlepptau habe, ist ihm völlig egal: Wenn seine Mami nach Hause kommt, hat sie sich um ihn zu kümmern. Als er an meiner Bluse zupft, weiß ich genau, was er will. Aber zuerst schiebe ich für Savanna und mich die Pizza in den Ofen. Dann setze ich mich an den Küchentisch, hebe ihn auf meinen Schoß, öffne meine Bluse und gebe ihm die Brust. Jetzt ist er zufrieden.

Später, als Savanna und ich unsere Pizza verspeisen, erfahre ich von ihr die aktuellen Neuigkeiten aus der EPZ-Welt: Sie erzählt mir von zwei Indern, die vorhätten, eine Firma für Metallverarbeitung in Kenia zu gründen. »Die ›Metal Refinery‹, so heißt die Firma, ist derzeit in der Phase der Testläufe«, erzählt sie. »Bis sie die Produktion aufnehmen kann, dauert es aber noch, denn sie hat noch nicht alle Genehmigungen beisammen.«

»Dabei könnten die Inder sicher gut Hilfe gebrauchen«, sage ich, während ich von meiner Pizza kleine Stückchen abschneide und sie für King mundgerecht zubereite.

»Das denke ich auch«, meint Savanna, die weiß, dass ich über viel Erfahrung auf diesem Gebiet verfüge. »Sie werden ewig brauchen, wenn sie nicht jemanden anheuern, der sich mit den hiesigen Behörden auskennt.«

»Könntest du nicht ein Treffen arrangieren?«

»Das ist ein bisschen zu offensichtlich. Aber ich weiß, wie wir es machen. Ich gebe dir Bescheid, wenn sie das nächste Mal einen Termin bei uns haben, und du kommst dann einfach zufällig vorbei, um mir irgendwelche Papiere zu bringen.«

Eine Woche später ruft sie mich morgens an. Ich bin gerade dabei, King anzuziehen, der heute den Tag bei meiner Schwester Susan verbringen soll: Susan, die ein paar Jahre jünger als ich ist, hat selbst eine vierjährige Tochter.

Ich hatte eigentlich Behördengänge geplant. Aber als Savannas Anruf kommt, werfe ich meinen gesamten Zeitplan über den Haufen.

»Wann soll ich da sein?«

»So bald wie möglich. Die beiden können jede Minute hier aufkreuzen.«

Etwas unentschlossen stehe ich vor meinem Kleiderschrank. Am Ende wähle ich einen eleganten, langen Rock, eine weiße Bluse und die Pumps, die ich mir zu meinem 28. Geburtstag geschenkt habe. Zum Schluss trage ich noch eine dicke Schicht Lippenstift auf.

»Du hast dich ja ganz schön in Schale geschmissen«, bemerkt Susan, als sie wenig später an der Tür klingelt. Und auch Angel, die an diesem Tag hübsche kleine Zöpfchen trägt, starrt mich neugierig an.

»Was hast du denn vor?«

»Nichts Besonderes«, behaupte ich und überlege, ob mein Outfit nicht doch einen Tick zu aggressiv ist. Ach, was! »Ich treffe nur ein paar Leute, die vielleicht einen Job für mich haben.«

»Na, da drücke ich dir die Daumen!«

Mit dem Wagen ihres Mannes fährt Susan mich zum EPZ-Gebäude, das sich in der Einfahrt zum Containerhafen befindet.

In Savannas Büro sind die Inder bereits damit beschäftigt, Formulare auszufüllen. Sehr gut, denke ich: Meine Freundin hat ihnen also schon schwierige Hausaufgaben gegeben. »Guten Morgen!«, flöte ich und frage nach der Genehmigung für meinen Chef.

»Guten Morgen, Phyllis!«, begrüßt mich Savanna augenzwinkernd und händigt mir zum Schein irgendwelche Papiere aus. »Wie immer hast du alles perfekt ausgefüllt«, lobt Savanna. »Dein Chef kann froh sein, dass er dich hat. Du musst nur noch ein paar Unterschriften leisten.« Damit setze ich mich an den Tisch zu den Indern. »Es ist wirklich manchmal zum Verrücktwerden mit unserer Gesetzgebung und dem ganzen Papierkram hier in Kenia«, plappere ich drauflos.

»Allerdings«, antworten sie und mustern mich neugierig. Die beiden wirken überhaupt nicht wie erfahrene Firmenbosse: Es sind coole, junge Typen mit halblangem Haar und ungefähr in meinem Alter, also Mitte bis Ende zwanzig. Einzig ihre teuren Markenklamotten verraten, dass sie Geld haben. Wir kommen leicht ins Gespräch.

Die Männer heißen Kumar Vorq und Viresh Bhatavea. Sie sind aus der indischen Stadt Mumbai und erzählen mir, dass sie in Kenia Metall verarbeiten wollen. Eine Produktionsstätte vor den Toren Mombasas haben sie bereits – und jetzt kann es losgehen. Ich höre mir ihre Pläne an, lasse sie ein bisschen damit prahlen und bestaune andächtig ihren Unternehmergeist. Außerdem helfe ich ihnen, ihre Papiere auszufüllen. Ganz beiläufig erwähne ich dabei, dass mein jetziger Chef ebenfalls Inder ist und ich ihn und andere Ausländer seit Jahren als Expertin durch den kenianischen Behörden-Dschungel lotse. »Ohne einheimische Hilfe kommt man hier kaum vorwärts«, behaupte ich.

Die beiden spitzen interessiert die Ohren. Als wir alles erledigt haben, fragen sie mich, ob ich mir vorstellen könnte, auch für sie tätig zu sein: Sie würden in Kürze eine Stelle ausschreiben.

»Warum nicht? Geben Sie mir ruhig Bescheid«, antworte ich betont gelassen und werfe Savanna verstohlen einen verschwörerischen Blick zu: Unsere Strategie ist aufgegangen, sie haben den Köder geschluckt.

Ungeduldig warte ich darauf, von den Indern zu hören. Aber zunächst tut sich überhaupt nichts. Tag für Tag muss ich mit Kings Betreuung improvisieren. Eine neue Babysitterin habe ich noch nicht gefunden. Zwar haben sich schon etliche Mädchen vorgestellt, aber nach dem Unfall mit dem Gasherd bin ich misstrauisch geworden. Es muss schon eine Person sein, der ich wirklich vertrauen kann. Oft bitte ich deshalb meine Schwester, King zu beaufsichtigen. Aber da sie und ihr Mann derzeit Eheprobleme haben und sich oft anschreien, geht King nicht gerne zu ihr. Wenn er zurückkommt, ist er immer unausgeglichen und quengelig. Meist trifft es deshalb meinen Bruder Silas. Dass er dafür regelmäßig die Uni sausen lässt, bereitet mir Gewissensbisse. Aber er und ich sitzen in einem Boot: Er *muss* mir den Rücken freihalten, da mein Job sein Studium finanziert.

Als ich das arrangierte Treffen in Savannas Büro schon fast wieder vergessen habe, erhalte ich von meiner Freundin eine Mail. »Kumar Vorq und Viresh Bhatavea waren heute erneut bei mir und lassen dir schöne Grüße bestellen«, schreibt sie, »und das hier soll ich dir schicken.« Neugierig klicke ich auf den Anhang – und finde ein Inserat, das soeben in der *Daily Nation* erschienen ist. Die »Metal Refinery« suche eine Person für ihre Buchhaltung, Öffentlichkeitsarbeit und Personalführung, heißt es da. Ich muss lachen.

»Scheinbar suchen sie jemanden, der alles kann«, sage ich später zu Savanna am Telefon.

»Das ist doch dein Spezialgebiet.«

»Da hast du allerdings recht.«

Mit äußerster Sorgfalt bereite ich meine Bewerbungsunterlagen vor: Ich peppe meinen Lebenslauf auf, preise in den höchsten Tönen meine Qualifikationen an und nenne mehrere Personen aus der Import-Export-Branche als Referenzen. Auch ein EPZ-Empfehlungsschreiben, das Savanna mir über ihre Kontakte organisiert hat, lege ich bei.

Wenige Tage nachdem ich die Unterlagen in den Briefkasten geworfen habe, erhalte ich einen Anruf von einem Mann, der sich als Herr Shah vorstellt und mit indischem Akzent spricht. Er ist der Manager der Metal Refinery. »Ihre Referenzen sind exzellent. Wir würden Sie sehr gerne einstellen«, erklärt er ohne Umschweife. Innerlich mache ich einen Freudensprung, nach außen bleibe ich ganz sachlich.

»Wie sind denn Ihre Konditionen?«, frage ich. »Wie Sie wissen, habe ich derzeit eine sehr gute Position. Damit ich diese aufgebe, müssten Sie mir schon etwas bieten.«

»Selbstverständlich«, sagt Herr Shah und verspricht mir ein Gehalt von 600 Euro im Monat. Da ich bislang ein Drittel weniger bekommen habe, finde ich das schon mal ziemlich gut. Trotzdem muss ich jetzt hoch pokern.

»Ich bräuchte auch einen Dienstwagen für die Behördengänge. Bei meinem jetzigen Arbeitgeber habe ich einen.« Das stimmt zwar nicht ganz, aber das muss ich Herrn Shah ja nicht gleich auf die Nase binden.

»Das ließe sich vielleicht einrichten«, antwortet er unbestimmt.

»Und außerdem ...«, rücke ich schließlich mit meiner wichtigsten Forderung heraus, »... außerdem wäre es für mich wichtig, dass ich meinen Sohn hin und wieder mit ins Büro bringen kann. Er ist zwei Jahre alt und ein sehr unkompliziertes Kind. Er wird niemanden stören.«

»Hm«, höre ich Herrn Shah brummen.

»Das ist meine Bedingung«, schiebe ich entschlossen nach. »Darauf bestehe ich. Auf den Firmenwagen könnte ich notfalls verzichten, aber das ist absolut essenziell.«

»Ich verstehe. Ich werde mit den Eigentümern darüber reden.«

Tags darauf ruft mich Herr Shah erneut an, um mir mitzuteilen, dass die Besitzer der Metal Refinery meine Forderung akzeptiert hätten. »Gratulation«, sagt er. »Wir freuen uns darauf, Sie und Ihren Sohn so bald wie möglich bei uns zu begrüßen.«

Ich kann mein Glück kaum fassen!

✳ ✳ ✳

Für unseren ersten Tag bei der Metal Refinery putze ich uns beide sorgfältig heraus. King trägt sein knallrotes Lieblings-T-Shirt, ich ein violettes Business-Kostüm, das ich mir bei meiner Nachbarin Dorkas geliehen habe. Sie ist ebenfalls alleinerziehend und hat mir, insbesondere als King noch ein Säugling war, schon oft geholfen. Und da sie weiß, wie wichtig der neue Job für mich ist, fährt sie uns zur Feier des Tages mit ihrem Auto zu meinem neuen Arbeitsplatz.

Wir rollen stadtauswärts und erreichen den Highway, der die Küstenstadt Mombasa mit der kenianischen Hauptstadt Nairobi verbindet. Die Metal Refinery liegt auf einer Anhöhe inmitten von anderen Industrieanlagen, die aufgrund der Nähe zum Hafen hier errichtet wurden.

Schon von Weitem sehen wir die beiden hohen Schornsteine der Fabrik. Doch als wir den Highway verlassen, führt unser weiterer Weg zu meiner Überraschung zunächst in eine Wohngegend: Rund um das Werk liegt eine Vielzahl kleiner Hütten und Häuschen. Die Behausungen schmiegen sich dicht an dicht an den Hügel, dazwischen ein Wirrwarr an steilen und engen Gassen. Aus dem Fenster des Wagens sehe ich ärmlich gekleidete Menschen, die in Grüppchen zusammenstehen, sich unterhalten, rauchen, ein paar Waren verkaufen oder unter freiem Himmel Reparaturdienste anbieten. Unmittelbar hinter der

Siedlung erhebt sich die hohe Mauer, die die Metal Refinery umschließt.

Dorkas hält vor dem großen Metalltor und hupt. Ein hübscher junger Mann erscheint, ein schlaksiger Bursche von höchstens 18 Jahren mit wilder Lockenmähne. »Wollen Sie reinfahren?«, fragt er.

»Nein, vielen Dank, nicht nötig!«

King und ich steigen aus. Der junge Mann hält uns das Tor auf: »Willkommen in der Metal Refinery!«, sagt er freundlich. »Ich bin Karisa, der Wachmann. Und wer bist du?« Die Frage gilt meinem Sohn, der sich schüchtern hinter meinem Rücken versteckt.

»Das ist King!«, antworte ich an seiner Stelle.

»Arbeitest du jetzt bei uns?«, wendet sich Karisa erneut an ihn. »Wenn ich deine Mama zu Herrn Shah gebracht habe, können wir ja ein bisschen miteinander spielen. Hast du Lust?«

Kings Augen leuchten. Und ich bin fast noch glücklicher als er: Was für ein Unterschied zu meinem früheren Arbeitsplatz! Hier wird King mit offenen Armen empfangen. Ich kann ihn beruhigt in der Obhut des Wachmanns lassen, während ich mich bei meinem neuen Arbeitgeber vorstelle.

Wir gehen über einen großen freien Platz, an dessen Ende sich die Werkshalle sowie einige Bürogebäude und Container befinden. Alles wirkt neu und unbenutzt. Ein kaum wahrnehmbarer, leicht unangenehmer Geruch nach faulen Eiern hängt in der Luft. Im Büro werde ich von Herrn Shah erwartet, einem elegant gekleideten Inder mit heller Haut und sehr feinen Händen. Man sieht ihm an, dass er aus der indischen Oberschicht stammt und noch nie in seinem Leben körperlich gearbeitet hat. »Schön, dass Sie bei uns sind«, begrüßt er mich freundlich, aber distanziert.

Herr Shah zeigt mir mein Büro, das im ersten Stock gegenüber dem Fabrikeingang liegt. Der Raum ist modern eingerichtet, wirkt aber noch ein wenig steril. Mit gefällt vor allem, dass ich von hier aus den gesamten Hof überblicken kann, in dem King gerade mit Karisa Fangen spielt. Der junge Wachmann scheint recht froh über die Ablenkung zu sein.

Herr Shah erklärt mir, dass es die oberste Priorität der Werksleitung sei, so schnell wie möglich mit der Produktion zu beginnen. Man habe bereits Testläufe durchgeführt, die allesamt positiv verlaufen seien. Es fehle also nur noch die Erlaubnis der Behörden. »Wir hoffen, dass Sie diesen Prozess beschleunigen können«, sagt er.

»Ich werde mein Bestes geben«, versichere ich ihm. Da ich mich bereits in die Materie eingearbeitet habe, weiß ich, dass wir die Genehmigungen von insgesamt acht Ämtern brauchen, darunter auch die der NEMA, einer Regierungsbehörde mit Sitz in Nairobi, die für die Einhaltung von Umweltauflagen zuständig ist. »Sobald wir alle nötigen Unterlagen abgeliefert haben, erteilt die jeweilige Behörde die Genehmigung und stellt uns eine Plakette aus. Die müssen wir dann an der Außenwand der Metal Refinery befestigen. So erleichtern wir der Polizei und der EPZ die Kontrollen«, erkläre ich.

Herr Shah überlegt einen Moment und sagt dann: »Ich glaube, eine dieser Plaketten haben wir bereits.«

»Ach, wirklich? Welche denn?«

»Die für den Umweltschutz. Sie müsste in einem der Aktenschänke liegen.« Mit diesem Hinweis lässt mich Herr Shah allein, er habe zu tun.

Nach einigem Suchen ist die Plakette gefunden. Das Metall-Schild hat ein ordentliches amtliches Siegel. Wunderbar, diese Hürde ist also bereits genommen. Vielleicht kann mir Karisa gleich heute Nachmittag dabei helfen, das Schild an der Mauer zu befestigen, überlege ich. Zuvor werde ich aber noch einen Ordner über den Vorgang anlegen. Ich suche nach den Unterlagen zu dem Genehmigungsverfahren und den schriftlichen

Einverständniserklärungen der Anwohner zur Errichtung der Industrieanlage, kann sie aber nirgends finden. Ich muss Herrn Shah unbedingt später fragen, wo er die Dokumente abgelegt hat.

Den Rest meines ersten Tages verbringe ich damit, weitere Unterlagen zu studieren und mich in sämtliche Genehmigungsverfahren der Metal Refinery einzulesen. Zwischendurch teile ich unser mitgebrachtes Mittagessen mit Karisa – ich muss morgen dringend die doppelte Portion einpacken – und bette King zum Nachmittagsschlaf auf eine Decke am Boden in meinem Büro. Kann arbeiten entspannt sein! Am Abend schwirrt mir zwar der Kopf, aber King und ich sind beide bei bester Laune.

»Und, wie war es?«, erkundigt sich Dorkas, die ich zusammen mit ihrer achtjährigen Tochter Claire zum Abendessen eingeladen habe. Es gibt Huhn mit Risotto.

»King hat einen neuen Freund gefunden«, verrate ich strahlend. »Er heißt Karisa und arbeitet als Wachmann.«

»Na, das klingt ja schon mal gut«, findet Dorkas. »Und wie ist es dir ergangen?«

»Ich habe ein sehr schönes Büro. Und jede Menge Arbeit: All diese Genehmigungen zu bekommen wird nicht einfach werden. Nachschlag?«

»Ja, gerne«, sagt Dorkas und nimmt noch eine Portion Risotto. Den Rest stelle ich in den Kühlschrank für Silas, der erst später nach Hause kommen wird.

»Außerdem scheint die Werksleitung es ziemlich eilig zu haben«, fahre ich mit meinem Bericht fort. »Ich bin ja wirklich schnell beim Arbeiten, aber ob ich wirklich alles in der kurzen Zeit organisieren kann, wie die es sich vorstellen ...«

»Mach dir keine Sorgen«, beruhigt mich Dorkas. »Du machst einfach eines nach dem anderen. Mehr kann keiner von dir verlangen.«

Die nächsten Tage stürze ich mich mit Elan in die Arbeit. Ich will unbedingt, dass die Werksleitung zufrieden mit mir ist. Deshalb arbeite ich auf Hochtouren daran, dass die Fabrik so schnell wie möglich ihren Betrieb aufnehmen kann. Tatsächlich komme ich sehr gut voran, nur die Sache mit der Umweltplakette bereitet mir Sorgen. Als sich endlich die Gelegenheit ergibt, spreche ich Herrn Shah auf die fehlenden Unterlagen an. »Es kann nicht sein, dass die NEMA die Zulassung für den Betrieb einer Fabrik vergibt, ohne vorher die Zustimmung der Anwohner einzuholen«, erkläre ich. »Es muss Interviews und einen Bericht gegeben haben. Wer außer Ihnen könnte denn wissen, wo diese Papiere abgelegt wurden? Wir brauchen sie auch für spätere Kontrollen.«

»Eine Zustimmung der Anwohner?«, fragt Shah irritiert. »Welche Anwohner sollen das denn sein? Etwa die Menschen aus dem Slum?«

»Ja, sicher. Jeder einzelne von ihnen muss unterschreiben, dass er der Errichtung der Industrieanlage zustimmt.«

Herr Shah sieht mich entgeistert an, verspricht mir aber, die Eigentümer nach dem Genehmigungsverfahren zu fragen. Die beiden kommen nur sporadisch ins Werk. Bei ihrem nächsten Besuch treffen wir uns im Konferenzraum. Vorq und Bhatavea betonen, wie froh sie seien, dass ich nun für sie arbeite. Und wie sehr sie hofften, dass ich den Prozess der Inbetriebnahme beschleunigen könne.

»Ich werde alles tun, was in meiner Macht steht«, beteuere ich. »Bei einer Sache, die vor meiner Zeit hier abgewickelt wurde, bräuchte ich bitte noch Informationen von Ihnen. Leider kann ich die Unterlagen zur Umweltplakette nirgendwo finden. Können Sie mir sagen, wo die Papiere zur Anwohnerbefragung abgelegt wurden?«

Die beiden sehen sich vielsagend an. Offenbar ist nicht ganz klar, wie viel Information sie mir über den Vorgang geben wollen. »Bitte, ich muss darüber Bescheid wissen«, dränge ich.

»Das ist eine *vorläufige* Plakette, die wir zum Durchführen der Testläufe erhalten haben«, erklärt Vorq mir schließlich.

»Ach, eine vorläufige Plakette«, wiederhole ich verwundert. »Ich wusste gar nicht, dass es so etwas gibt. Dann muss ich mich als Erstes um eine permanente Lizenz kümmern.«

»Nein, nicht nötig«, entgegnet er. »Wir können die Plakette, die wir bereits haben, einfach weiterverwenden.«

»Ich fürchte, das wird nicht gehen. Das ist nicht der korrekte Weg.«

Die beiden wechseln erneut einen Blick. »Wir haben keine Zeit für Korrektheit: In wenigen Tagen erwarten wir die erste Lieferung. Da muss irgendetwas da draußen hängen.«

»In wenigen Tagen schon? Das ist nicht zu schaffen. Wenn wir versuchen zu tricksen, werden wir uns jede Menge Ärger einhandeln«, warne ich.

»Wenn jemand Ärger macht, regeln wir das mit Geld«, antwortet Vorq unbekümmert. »Wir sind doch nicht nach Kenia gekommen, um Gesetze zu befolgen.«

Ich sehe die beiden mit offenem Mund an und kann kaum glauben, wie abgebrüht sie sind. Scheinbar interessiert es sie überhaupt nicht, sich an irgendwelche Regeln zu halten. Wozu brauchen sie mich dann, wenn sie meine Erfahrung und meinen Rat in den Wind schießen? Ich bin ehrlich schockiert.

Da die beiden Ausländer sind, wird es unweigerlich auf mich zurückfallen, wenn sie Fehler begehen. Denn es ist ja gewissermaßen mein Job, sie durch den Dschungel der Vorschriften zu lotsen. Wenn später etwas schiefgeht, wird es heißen, ich hätte sie nicht richtig beraten. Dann kann ich beruflich einpacken. Ich rede also auf die beiden ein und versuche, sie zu überzeugen, dass ein ordentlicher Genehmigungsprozess nicht mit viel Mehraufwand verbunden wäre. »Wir müssen lediglich mit den Anwohnern sprechen und einen Umweltexperten damit beauftragen, das Gesundheitsrisiko zu bewerten.«

»Welches Gesundheitsrisiko?«

»Wahrscheinlich gibt es gar keine Risiken«, beteuere ich schnell. »Aber das muss uns ein Experte bestätigen, der einen ordentlichen Bericht schreibt. Das kann ich gleich organisieren.«

Vorq und Bhatavea sehen nicht sehr überzeugt aus. Sie wechseln ein paar Worte in ihrer Muttersprache. »Wenn wir die Sache jetzt korrekt machen, wird das am Ende billiger für Sie sein«, beschwöre ich sie.

Mit diesem Argument kann ich sie endlich überzeugen. »Na gut, dann beauftragen wir eben diesen Experten. Das können wir ja parallel machen. Aber wir akzeptieren nicht, dass es deswegen zu weiteren Verzögerungen kommt.«

Ich lasse also Karisa die vorläufige Plakette an der Außenmauer montieren, und bereits wenige Tage später donnert ein Dutzend Lastwagen über den Highway und durch die Gassen von Owino Uhuru bis zum Haupttor der Fabrik. Von meinem Schreibtisch aus beobachte ich, wie Karisa sie hineinlotst und ihnen ihre jeweilige Parkposition zuweist, während King hinter seinem neuen Freund steht und dessen Gesten nachmacht. Ein kleiner und ein großer Junge in ihrem Element. Es ist wirklich eine Freude zu sehen, wie selbstverständlich alle, auch die Fahrer der Lkw, mit meinem Sohn umgehen.

Neben mir steht der Umweltexperte, den ich unmittelbar im Anschluss an meine Diskussion mit Vorq und Bhatavea kontaktiert habe: Fred Owiti, ein grauhaariger Herr mit Brille, lehrt an der Universität von Nairobi und berät zudem auf Honorarbasis verschiedene Firmen in Sachen Umweltauflagen. Er hat sich bereit erklärt, die Interviews mit den Anwohnern zu führen und den Bericht zu verfassen.

»Wissen Sie, was da geliefert wird?«, fragt er mich, während wir in den Innenhof schauen.

»Nicht genau«, muss ich gestehen. »Das Metall, das hier verarbeitet werden soll. Lassen Sie uns runtergehen und fragen.«

Im Hof fällt mir der Gestank auf, der mit den Lastwagen in
die Metal Refinery gekommen ist. Und ich erkenne ihn wieder:
Es ist derselbe Geruch, den ich wahrgenommen habe, als ich das
Werk zum ersten Mal betreten habe. Aber jetzt ist er intensiver.
Es riecht überhaupt nicht nach Metall, sondern eher so, als ob
auf den Ladeflächen der Trucks etwas verrotten würde.

»Das muss ich mir mal genauer ansehen«, sagt Owiti.

»Mama, stinkt«, begrüßt mich King mit gerümpfter Nase. Ich
überlege, ob ich ihn lieber in mein Büro bringen soll, aber er findet das Geschehen so aufregend, dass er sich strikt weigert, ir-
gendwohin zu gehen: Die riesengroßen Fahrzeuge und die Männer, die sie lenken, beeindrucken ihn.

Als ein Gabelstapler damit beginnt, die Container von der
Ladefläche zu hieven, will er unbedingt auf meinen Arm, um
einen noch besseren Blick auf alles zu haben. Einer der Trucker,
der sich durch das Interesse des Jungen offenbar geschmeichelt
fühlt, öffnet den Deckel eines Containers. Neugierig beugen wir
uns darüber, um hineinzuschauen: Er ist gefüllt mit dunklen,
viereckigen Boxen, die mit bunten Aufklebern in verschiedenen
Sprachen beklebt sind. Sie stinken erbärmlich.

»Was zum Teufel ist das?«, frage ich Owiti.

»Das sind alte Autobatterien«, sagt er.

Ich verstehe überhaupt nichts mehr: Bislang war ich immer
davon ausgegangen, dass in der Anlage Metall raffiniert würde,
wie der Name schon sagt. Wozu sonst sollte der riesige Schmelzofen in der Halle dienen?

»Diese Batterien enthalten im Innern Metall, genauer gesagt:
Blei«, erklärt Owiti. »Ich vermute mal, dass die Werksleitung sie
aus Europa importiert, um sie auszuschlachten. Das enthaltene
Blei wird herausgeschmolzen und kann dann weiterverwertet
werden.«

»Aha«, sagte ich. »Und dieser merkwürdige Geruch?«

»Das ist die Säure in den Batterien.« Owiti klappt den Deckel des Containers zu. »Besser, Sie atmen nicht zu tief ein.«

* * *

In dieser Nacht mache ich kein Auge zu. King scheint sich erkältet zu haben. Er hustet die ganze Zeit und hat leicht erhöhte Temperatur. Vielleicht habe ich gestern die Klimaanlage im Büro doch zu weit heruntergedreht? Ich nehme mir vor, zur Sicherheit eine zweite Decke für Kings Mittagsschlaf mitzunehmen.

Am nächsten Morgen ist mein Sohn wieder einigermaßen fit. Jedenfalls kann er es kaum erwarten, zu seinem Freund Karisa zu kommen. Die zwei sind beste Kumpel geworden und hängen eigentlich nur noch zusammen. Mir ist das sehr recht, denn ich habe alle Hände voll zu tun: Vor allem muss ich die Arbeiter einstellen, die die Anlage betreiben werden. In Owino Uhuru – so heißt die Siedlung vor den Toren des Werks – sind sie natürlich froh, dass es nun endlich weitere Arbeitsplätze in der Gegend gibt. Es hat sich bereits herumgesprochen, dass wir besser zahlen als viele Firmen im Hafen, und jeden Tag kommen Männer, um mich um eine Anstellung zu bitten.

Ich wähle diejenigen aus, die mir am klügsten und kräftigsten erscheinen. Die Arbeiter sollen den Schmelzofen bedienen. Ein Vorarbeiter weist sie ein: Er erklärt ihnen, wie sie das Blei aus den Gehäusen herausschmelzen, in flüssiger Form auffangen und abkühlen lassen. Auch King findet diesen Prozess faszinierend. Als ich ihm den Schmelzofen zum ersten Mal in Aktion zeige, will er am liebsten selbst dort anheuern. Aber er darf die Produktionshalle nur betreten, wenn ich oder Karisa dabei sind.

Tagsüber ist dort in der Regel auch gar nicht viel los. Der Schmelzofen läuft nachts. Dann herrschen im Innern der Halle sehr hohe Temperaturen. Außerdem verbreitet sich überall dieser ätzende Gestank, und die beiden Schlote stoßen tiefschwarzen Rauch über der Siedlung aus. Glücklicherweise liegen King und ich dann normalerweise weit weg daheim in unseren Betten. Und wenn wir morgens kommen, ist das Blei bereits am Abkühlen. Aber der Geruch verzieht sich nie ganz.

Es ist die Aufgabe der Frühschicht, das Blei neu zu verpacken und wieder in die Container zu verfrachten, die wir später von Lastwagen in den Hafen bringen lassen. Von dort wird es nach Indien verschifft – und vermutlich zu horrenden Preisen weiterverkauft. Denn in Indien boomt der Markt für Neuwagen, die allesamt mit neuen Autobatterien ausgestattet werden müssen. Viele Batterien werden außerdem in der Wachstumsbranche Photovoltaik gebraucht.

Während wir im Werk also schon vollauf beschäftigt sind, führt Fred Owiti seine Interviews durch. Um eine Vorstellung davon zu bekommen, worüber er mit den Leuten redet, begleite ich ihn einmal zu einer Familie, die in unmittelbarer Nähe der Fabrik wohnt. Ihr Haus lehnt quasi fast an der Werksmauer. Es ist ein ärmlicher Wellblechbau ohne Strom, Sanitäranlagen oder fließendes Wasser.

»Hat jemand mit Ihnen gesprochen, bevor die Bauarbeiten begannen?«, fragt Owiti die Frau, die vor dem Eingang zu ihrer Behausung auf einem Gaskocher einen Brei zubereitet. Sie hat einen Säugling auf dem Rücken. Mehrere kleine Kinder sitzen um sie herum auf dem Lehmboden.

»Nein«, antwortet sie wortkarg.

»Hat man Ihnen denn gesagt, wozu diese Anlage dient?«, fragt Owiti weiter.

»Der Mann, der die Bauarbeiten beaufsichtigte, sagte uns, in der Fabrik würden Plätzchen gebacken.«

»Plätzchen?«, entfährt es mir. Hatte sich da jemand einen Scherz erlaubt? Oder hatte Herr Shah – oder wer immer diese

Informationspolitik angeordnet hatte – die Bewohner von Owino Uhuru bewusst falsch darüber informiert, wozu die Fabrik dient? Das schien keinen rechten Sinn zu ergeben. Denn schließlich waren die Leute im Slum doch heilfroh, dass es hier endlich Arbeit gab.

Der Frau ist meine ungläubige Reaktion nicht entgangen. »Aber dass das nicht stimmt, haben wir schon gemerkt«, sagt sie. »Es riecht oft so übel dort. Das können unmöglich Plätzchen sein.« Außerdem wehe nachts immer schwarzer Rauch zu ihnen herüber. Er sammele sich in ihrer kleinen Hütte und lasse ihr und den Kindern kaum Luft zum Atmen. Die Kleinen würden ständig husten. Auch die Nachbarn würden über die Abgase schimpfen.

Owiti notiert alle Aussagen fein säuberlich in seinen Block, dann geht es weiter zur nächsten Befragung. Sie verläuft ähnlich, und mir schwant langsam, dass sein Bericht nicht allzu gut ausfallen wird. »Diese Emissionen sind nicht ohne«, sagt Owiti zu mir.

Als ich mit King abends durch die Siedlung zur Bushaltestelle laufe, spuken mir die Klagen der Frauen immer noch im Kopf herum. Ich kann zwar persönlich nichts dafür, dass ihnen die Metal Refinery so zusetzt, aber irgendwie fühle ich mich mitverantwortlich.

* * *

Kings nächtliche Fieberattacken wollen einfach nicht aufhören, drei Wochen geht das nun schon. Heute Morgen bin ich wieder völlig gerädert, weil ich die ganze Nacht nicht geschlafen habe. Es war heftig: Seine Temperatur ist auf über 40,5 Grad gestiegen. Rund um sein Bettchen liegen noch die nassen Handtücher, mit denen ich ihm kalte Wickel gemacht habe.

Der Zustand des Jungen macht mir wirklich Angst. Die Kinderärztin, die ich wegen der Fieberschübe aufgesucht habe, faselte etwas von einer Grippe und meinte, die Sache sei sicher bald ausgestanden. Aber nach dieser heftigen Nacht glaube ich ihren Beteuerungen nicht mehr. Im Gegenteil, es geht King immer schlechter. So kann ich ihn jedenfalls nicht länger mit zur Arbeit nehmen, sondern muss Silas bitten, auf ihn aufzupassen.

Ich wähle die Nummer von Herrn Shah. »Ich werde heute noch einmal etwas später zur Arbeit kommen«, sage ich. »Meinem Sohn geht es schlecht.«

»Das wird ja langsam zur Gewohnheit«, mault Herr Shah.

»Tut mir leid«, sage ich kleinlaut. »Ich beeile mich.«

Dann rufe ich ein Taxi. Bis es endlich vor der Tür steht, vergeht fast eine Viertelstunde. Wertvolle Zeit, die mir in der Metal Refinery verloren geht. »Das nächste Mal wähle ich einen anderen Service!«, blaffe ich den Fahrer an. King beginnt zu weinen. Schon tut mir mein Wutausbruch leid. »Ich habe es nicht so gemeint«, murmele ich, »zum Krankenhaus, bitte.«

»Was hat denn der Kleine?«, erkundigt sich der Fahrer, der sich als Henry vorstellt und sich von meiner schlechten Laune nicht beeindrucken lässt. Er ist ein großer, sehr dunkelhäutiger Typ mit wachen und sympathischen Augen.

»Wenn ich das nur wüsste«, seufze ich. »Bis vor Kurzem war er kerngesund. Aber jetzt bekommt er immer öfter diese Fieberschübe. Manchmal erbricht er sich dabei. Als würde sein Körper gegen irgendetwas rebellieren. Zudem plagt ihn ein Hautausschlag. Er hat ganz eigenartige, graue Flecken an den Armen und Beinen, die Haut wirkt an diesen Stellen wie abgestorben.« Die Worte purzeln nur so aus mir heraus.

»Die Ärzte im Krankenhaus werden ihm sicher helfen können«, versucht Henry, mich zu beruhigen.

»Ja«, sage ich und hoffe, dass er recht behält. Überzeugt davon bin ich nicht, denn diese Krankheit ist merkwürdig; sie ist anders als alle Kinderkrankheiten, von denen ich je gehört habe. Wenn ich nur wüsste, was dem Jungen fehlt!

Die Notaufnahme ist völlig überfüllt. Ich muss mich auf eine lange Wartezeit einstellen und melde mich noch einmal bei Herrn Shah, um ihn zu informieren, dass es länger dauert als erwartet. Es vergehen Stunden, bis endlich Kings Name aufgerufen wird.

Ich erkläre dem Arzt, warum wir hier sind. »Wie lange geht das jetzt schon so?«, fragt er.

»Ungefähr drei Wochen, es wird immer schlimmer. Zunächst dachte ich, die Klimaanlage in meinem Büro hätte eine Erkältung verursacht. Aber die habe ich zwischenzeitlich sogar abgestellt, und es hat sich nicht verbessert.«

»Oh, da hast du aber Glück, dass du mit deiner Mama zur Arbeit gehen darfst, junger Mann«, versucht der Arzt mit King ins Gespräch zu kommen. Doch der dämmert nur müde vor sich hin.

»Und wie oft kommt das Fieber?«, wendet sich der Arzt an mich.

»Das ist unterschiedlich.« Ich versuche, einen Rhythmus auszumachen, aber es gelingt mir nicht. »In unregelmäßigen Abständen.«

Der Arzt nickt und leuchtet King mit der Taschenlampe in die Augen, die glasig und ausdruckslos sind. »Wir müssen dringend sein Blut untersuchen«, sagt er und bereitet eine Nadel vor. King wehrt sich nicht einmal, als der Arzt ihm Blut abnimmt. Normalerweise hätte er spätestens jetzt so laut protestiert, dass man es in ganz Mombasa hätte hören können.

»Was hat er bislang eingenommen?«, will der Arzt wissen, während Kings Blut in die Kanüle rinnt.

Ich zähle ihm all die Medikamente auf, die ich King auf Anweisung der Kinderärztin verabreicht habe: Hustensaft, Fiebersenker, Wundsalben für die Haut. »Nichts davon hat bislang etwas gebracht«, sage ich frustriert. »Es ist mit Sicherheit keine normale Grippe.«

»Nein«, gibt der Arzt mir recht. »Ich würde Ihnen dringend empfehlen, ihren Sohn hier zu lassen, Frau Omido. Hier im Krankenhaus haben wir ihn ständig unter Beobachtung und können ihm die notwendige Behandlung zukommen lassen.«

Selbstverständlich willige ich ein. Ich sage King, dass ich so bald wie möglich wieder bei ihm sein werde. »Nein!«, jammert er. Seine kleine Hand greift nach meiner. Als ich sie wegnehme, fängt er fürchterlich an zu weinen. Es bricht mir das Herz. Aber ich habe keine andere Wahl: Ich muss arbeiten. Sein Weinen begleitet mich noch, als ich es eigentlich schon längst nicht mehr hören kann.

KAPITEL 2
Ein Todesurteil

»Bling!« Meine Mailbox auf dem Rechner meldet einen neuen Posteingang, und ein Blick auf den Absender verrät mir, dass die Stunde der Wahrheit gekommen ist: Fred Owiti hat seinen Bericht geschickt. Ich klicke auf das PDF-Dokument im Anhang. Bereits die ersten Sätze verursachen mir eine Gänsehaut. »Das Blei, das in der Metal Refinery verarbeitet wird, ist für die Gesundheit von Menschen, Tieren und Pflanzen sehr schädlich«, lese ich. »Gelangt das Schwermetall ins Wasser und von dort über die Nahrungskette in den Körper, kann es die Organe und das zentrale Nervensystem schädigen. Es lagert sich in den Knochen ab und stört die biochemischen Prozesse im Körper.«

Neben Blei werde beim Einschmelzen der Batterien auch noch Schwefelsäure freigesetzt. Diese wirke ätzend und schädige das menschliche Gewebe, führt Fred Owiti aus. Er kommt zu dem Schluss, dass die Menschen von Owino Uhuru von der Anlage nichts Gutes zu erwarten hätten, dass die gesundheitlichen Schäden den wirschaftlichen Nutzen bei Weitem übertreffen würden. »Die Recyclinganlage muss dringend aus dem Wohngebiet entfernt werden«, empfiehlt er.

Ich lege den Bericht beiseite. Die Einschätzung des Fachmanns ist vernichtend. Wenn die NEMA das Dokument in die Finger bekommt, wird sie uns ganz sicher keine dauerhafte

Lizenz erteilen. Wird sich die Metal Refinery dann einen anderen Produktionsstandort suchen? Was wird das für die Arbeiter und letztlich auch für mich bedeuten? Habe ich mir durch mein Beharren auf das Gutachten am Ende den eigenen Arbeitsplatz geraubt? Andererseits hätte ich es auch nicht mit meinem Gewissen vereinbaren können, den ordnungsgemäßen Weg zu ignorieren. Klar, auch ich hatte nicht damit gerechnet, dass das Gutachten so katastrophal ausfallen würde. Aber es gibt in Kenia nun einmal Gesetze, die wir zu beachten haben. Alles muss seinen korrekten Gang gehen, andernfalls wäre das vorsätzlicher Betrug gewesen.

Schweren Herzens drucke ich den Report aus und klopfe – in der Vorahnung eines heraufziehenden Gewitters – an die Bürotür von Herrn Shah. »Der Umweltbericht ist da!«

Shah sieht von seinem Schreibtisch auf. »Ah, gut. Und Sie sind auch endlich da«, sagt er mit einem demonstrativen Blick auf die Uhr. »Und? Was sagt unser Experte?«

»Tja«, druckse ich herum. »Lesen Sie selbst.«

Shah beginnt, sich in den Text zu vertiefen, und mit jeder Zeile verfinstert sich seine Miene mehr. »Dieses Geschmiere ist eine Unverschämtheit!«, ruft er schließlich. »Und wir bezahlen diesen Umweltheini auch noch. Was fällt ihm eigentlich ein?!«

Shah starrt mich wütend an, sein Blick lässt keinen Zweifel, dass er mir die Schuld für Owitis verheerende Analyse gibt. »Dieser Report wird unser Haus auf keinen Fall verlassen«, knurrt er. »Verstanden?«

»Ja, verstanden«, murmele ich und kann seinen Ärger sogar verstehen. Aus seiner Sicht habe ich mit meinem Übereifer eine Situation heraufbeschworen, die den Betrieb der Fabrik gefährden kann. Doch falls die Emissionen der Metal Refinery tatsächlich so schädlich sind, wie der Experte schreibt, geschieht es der Werkleitung vielleicht ganz recht, wenn ihnen jemand Grenzen aufzeigt. Und ich bin ganz sicher, dass es Maßnahmen gibt, mit denen wir gegensteuern und die NEMA am Ende doch noch überzeugen können: bessere Filter, höhere Schornsteine oder dergleichen. Die Metal Refinery muss sich eben bemühen, umweltfreundlicher zu werden. Shah reißt mich aus meinen Gedanken. »Ich werde den Verfasser dieses Papiers persönlich kontaktieren, nicht, dass er noch redet. Und jetzt gehen Sie mir aus den Augen«, herrscht mein Vorgesetzter mich an. Ein Wunsch, dem ich gerne nachkomme.

* * *

Als ich abends zurück ins Krankenhaus komme, geht es King immer noch nicht besser. Das Antibiotikum, das ihm der Arzt aus der Notaufnahme verordnet hat, kann so schnell natürlich nicht angeschlagen haben. Trotzdem hatte ich eine leise Hoffnung gehabt, dass es umgehend wirkt. Inzwischen haben sie ihn auch auf Malaria, Typhus, HIV, das Rotavirus und Denguefieber getestet – ohne Ergebnis.

Ich betrachte meinen Jungen, wie er unter einem weißen Laken in diesem viel zu großen Krankenhausbett liegt. Auf seiner Stirn schimmern kleine Schweißperlen. Ob er erneut Fieber hat? Vorsichtig ziehe ich das Laken ein Stück beiseite, um King etwas Kühlung zu verschaffen. Wenig später schlägt er die Augen auf. »Mama«, sagt er, dann beginnt er, leise zu wimmern.

Es gibt nichts Schrecklicheres, als hilflos mit ansehen zu müssen, wie das eigene Kind leidet. Daneben wird alles, was ich derzeit im Büro erlebe, zur Nebensache. Was Shah mit Owitis Bericht macht – was geht mich das an? Ich will nur, dass mein Junge wieder gesund wird.

Die Nacht verbringe ich bei King im Krankenhaus. Gegen Mitternacht, als die Schwester ihre letzte Runde gemacht hat, schlüpfe ich zu ihm ins Bett. Der Junge ist so heiß wie ein Ofen. Doch es beruhigt ihn, meine Nähe zu spüren, und mit einem tiefen Seufzer schmiegt er sich vertrauensvoll an mich. Unfähig, selbst ein Auge zuzutun, streichele ich seinen Kopf, während er schläft.

Am nächsten Morgen bin ich wie gerädert. Ungeduldig warte ich auf die Visite der Ärzte. Aber einer der Pfleger lässt mich wissen, dass sie sich oft erst zur Mittagszeit blicken lassen. So lange kann ich nicht hierbleiben: Herr Shah, der für heute ein Krisentreffen wegen des Berichts anberaumt hat, würde mich umbringen, wenn ich abermals zu spät käme. Ich habe nicht einmal mehr Zeit, um nach Hause zu fahren und meine Kleider zu wechseln. Glücklicherweise habe ich ein Fläschchen »J'Adore« in meiner Handtasche. Ausgiebig sprühe ich mich mit dem Parfum ein, sodass ich wenigstens angenehm rieche, wenn ich mich schon nicht richtig frisch machen kann.

Das Meeting startet um neun Uhr. Zu meiner Überraschung sind nicht nur Vorq und Bhatavea gekommen, sondern auch ihr kenianischer Partner, Hesron Awiti Bold, der sich sonst nie auf dem Firmengelände blicken lässt. Ihm gehört das Land, auf dem die Metal Refinery steht. Ich kenne ihn aus dem Fernsehen, denn Awiti ist Politiker. Normalerweise steht er hinter einem Mikrofon und macht seinen Anhängern vollmundige Versprechungen. Sein Markenzeichen ist ein großer, breitkrempiger Hut, der seinem bulligen Gesicht eine tatkräftige Ausstrahlung verleihen soll.

Den Hut trägt Awiti auch jetzt. Missmutig blickt er unter der Krempe hervor. »Es war eine idiotische Idee, diesen Wissenschaftler anzuheuern«, poltert Awiti los, noch bevor die Unterredung offiziell begonnen hat.

Herr Shah, der rangniedrigste unter den Männern, macht ein zerknirschtes Gesicht. »Wir haben ihn inzwischen gefeuert«, versichert er.

»Sie müssen hundertprozentig sicherstellen, dass diese Untersuchung nicht publik wird«, fordert Awiti. Vorq und Bhatavea nicken zustimmend, Herr Shah versichert unterwürfig, dass dies keinesfalls geschehen werde.

Ich traue meinen Ohren kaum. »Aber wir brauchen doch die Umweltlizenz – und dafür verlangt die NEMA nun einmal einen Expertenbericht«, wage ich es, den Männern zu widersprechen.

Alle Augen richten sich auf mich. Ich habe das Gefühl, dass Vorq und Bhatavea erst jetzt zur Kenntnis nehmen, dass ich überhaupt anwesend bin. Awiti starrt mich an wie ein Krokodil auf Beutejagd, sein breiter Mund scheint bereit, jeden Moment zuzuschnappen. »Und wer bitte schön sind Sie?«

»Ich bin Phyllis Omido.«

»Unsere neue Buchhalterin und Personalrekruterin«, erklärt Herr Shah. »Frau Omido hat uns gesagt, wir könnten Ärger mit den Behörden vermeiden, wenn wir den Bericht erstellen ließen.«

»Was für ein Unsinn!«, schimpft Awiti. »Als Kenianerin sollten Sie es eigentlich besser wissen, Frau Omido!«

»Aber ohne Umweltplakette machen wir uns strafbar«, beharre ich.

»Ach, was wissen Sie schon von diesen Dingen?«, herrscht er mich mit verächtlicher Stimme an. Der Politiker zeigt deutlich, dass er mich nicht als gleichwertigen Gesprächspartner betrachtet. »Wenn Ihnen Ihr Job lieb ist, lassen Sie in Zukunft die Finger von solchen Recherchen«, droht er mir. »Und die NEMA lassen Sie mal schön meine Sorge sein.«

Am Ende des Meetings bin ich total frustriert. Was für eine Demütigung! Wozu haben mich meine Chefs überhaupt eingestellt, wieso haben sie mich damit beauftragt, ihnen mit den Behörden zu helfen, wenn sie gar nicht vorhaben, sich an die Gesetze zu halten? Wieder und wieder gehe ich die Situation in Gedanken durch, und jedes Mal komme ich zu dem Schluss, dass ich mir nichts vorzuwerfen habe. Ich habe meine Arbeit ordentlich und im Rahmen des Gesetzes erledigt, für das Ergebnis des Gutachtens kann ich nichts. Und ich habe einen kranken Sohn, der meine Energie mehr braucht als die Herren hier. Am

Nachmittag weiß ich, was ich zu tun habe. Entschlossen gehe ich ins Büro von Herrn Shah.

»Ich möchte mich eine Weile beurlauben lassen«, sage ich zu ihm, »unbezahlt natürlich.«

Er tut amüsiert. »Nun seien Sie mal nicht so zimperlich, Frau Omido. Beachten Sie einfach in Zukunft unsere Spielregeln.«

»Es ist nicht wegen des Gutachtens. Mein Sohn liegt im Krankenhaus, und ich muss mich um ihn kümmern.«

Jetzt versteht er, dass es mir ernst ist. »Sie wissen genau, dass das jetzt sehr ungelegen kommt!«

»Ich habe es mir nicht ausgesucht, dass er krank wird.«

Herr Shah nickt. Aber sein Blick signalisiert mir, dass er alles andere als einverstanden ist. Am liebsten hätte er mich wohl auf der Stelle gefeuert. Doch dann müsste er einen Ersatz für mich finden, und das dürfte nicht einfach werden. Leute, die sich so gut mit Import-Export-Gesetzen auskennen und in der EPZ so gut vernetzt sind wie ich, sind nicht leicht zu finden.

»Wie Sie meinen«, sagt Herr Shah deshalb zähneknirschend. »Aber kein Wort von dem, was wir heute Morgen in dem Meeting besprochen haben, dringt nach draußen. Sonst brauchen Sie überhaupt nicht wieder zu kommen.«

Als ich die Metal Refinery wenig später hinter mir gelassen habe und im Bus in die Stadt sitze, atme ich tief aus. Ich weiß, dass meine Entscheidung richtig war.

Im Krankenhaus finde ich King in elendem Zustand. Er hat hohes Fieber und ist nicht ansprechbar. Neben seinem Bett steht ein Ständer mit einer Infusionslösung. Über einen Schlauch tropft eine durchsichtige Flüssigkeit in seine Vene. Ich frage beim diensthabenden Pfleger nach, was sie meinem Jungen geben. Nach einem Blick in Kings Akte sagt der Pfleger: »Er bekommt ein anderes Antibiotikum.«

»Sind die Ärzte also inzwischen weiter mit der Diagnose?«

Abermals vertieft der Pfleger sich in den Krankenbericht. »Leider nein«, sagt er. »Wir wissen immer noch nicht genau, was Ihr Sohn hat.«

Hilflos ringe ich die Hände. Was würde ich darum geben, wenn nicht King, sondern ich mit diesen merkwürdigen Symptomen zu kämpfen hätte. Ich hatte fest daran geglaubt, dass sie ihm wenigstens hier, im Krankenhaus, helfen könnten. Aber diese Hoffnung löst sich gerade in nichts auf. Ich spüre, wie mir die Tränen in die Augen steigen.

Wie betäubt sitze ich die nächsten Stunden an Kings Krankenbett. Irgendwann surrt das Handy in meiner Handtasche. Es ist Savanna. »Hallo, meine Liebe«, begrüße ich sie leise.

»Warum flüsterst du?«

»Ich bin im Krankenhaus. King ist krank.«

»Oh, das tut mir leid. Was hat er denn?«

Ich schleiche mich aus dem Zimmer und berichte Savanna von der merkwürdigen Krankheit. »Die Ärzte sind ratlos – und sein Zustand verschlechtert sich ständig. Ich weiß wirklich nicht mehr, was ich tun soll.«

»Das klingt ja schrecklich«, sagt sie. »Gut, dass du dir zumindest freinehmen konntest, um bei ihm zu sein.«

»Na ja«, druckse ich herum. »Ehrlich gesagt gab es in der Metal Refinery heute ziemlich böses Blut, nicht nur deswegen.«

Unter der Auflage, niemandem davon zu erzählen, berichte ich Savanna von dem desaströsen Umweltbericht und dem Meeting am Morgen. »Der Experte schreibt, dass wir die Schmelze auf keinen Fall in der Nähe eines Wohngebiets betreiben dürfen, weil das gesundheitliche Risiko für die Anwohner zu hoch ist.«

»Was haben die Leute denn zu befürchten?«

»Soweit ich es verstanden habe, wird Blei freigesetzt. Das sammelt sich im Körper und vergiftet die Menschen von innen. Die Symptome können wohl sehr unterschiedlich sein. Die Leute, mit denen Owiti in meinem Beisein gesprochen hat, berichteten beispielsweise über Atemnot. Einige hatten aber auch Fieber, Durchfall oder Hautausschlag.«

»Genau wie King«, sagt Savanna.

Ihre Worte treffen mich wie ein Blitzschlag. Wie hatte ich übersehen können, dass Kings Symptome denen, die Owiti beschreibt, so ähneln? Um Himmels willen! Bislang war mir überhaupt nicht in den Sinn gekommen, dass seine Leiden von dem Blei oder der Säure aus den Batterien herrühren könnten. Als habe sich das, was die Menschen von Owino Uhuru berichtet haben, auf einem anderen Planeten zugetragen. Und wenn ich ganz ehrlich bin, kann ich mir noch immer nicht vorstellen, dass Kings Erkrankung etwas mit der Fabrik zu tun haben soll.

»Phyllis?«, fragt Savanna, nachdem ich eine Weile nichts mehr gesagt habe. »Bist du noch dran?«

»Ja.«

»Haben die Ärzte Kings Blut denn mal auf seinen Bleigehalt untersucht?«

Ich schlucke. »Bislang nicht.«

»Dann lass das unbedingt testen!«

»Ja, okay«, verspreche ich benommen. Was für ein schrecklicher Verdacht! Ich bete, dass er sich nicht bewahrheiten möge.

* * *

Ich verbringe eine weitere Nacht im Krankenhaus. Diesmal schlafe ich in einem der freien Betten im Zimmer, um King nicht zu stören. Am Morgen bringt mir Silas frische Kleider, eine Zahnbürste und in Zeitungspapier eingewickelte frittierte Bananen, die er bei einem Straßenhändler erstanden hat. »Iss mal was, Schwesterherz«, sagt er und knufft mich in die Seite. »Wenn seine Mama sich zu Tode hungert, ist King auch nicht geholfen.«

»Sehr witzig«, antworte ich mit einem schiefen Grinsen, obwohl mir eher zum Heulen zumute ist. Aber mein Bruder hat ja recht: Folgsam schiebe ich mir die vor Fett triefenden Bananenstückchen in den Mund.

Später am Vormittag, Silas ist längst schon wieder in der Uni, kommen die Ärzte endlich zur Visite. Für King zuständig ist ein junger, hagerer Arzt mit länglichem Gesicht und bemerkenswert schiefen Zähnen, der sich als »Doktor Manangagwa« vorstellt. Als ich ihn bitte, Kings Blut auf seinen Bleigehalt zu testen, schaut er mich irritiert an. »Blei?«, wiederholt er – und ich kann förmlich sehen, wie er sich das Metall als Klumpen oder Barren vorstellt.

»Ja, Blei. Ich habe Grund zu der Annahme, dass das Kind sich eine Bleivergiftung zugezogen hat.«

»So etwas untersuchen wir hier nicht«, sagt er in einem Ton, der deutlich zum Ausdruck bringt, dass er mich nicht ernst nimmt. Wahrscheinlich hält er mich für eine übergeschnappte Mutter, die keine Ahnung von Medizin hat und sich nur wichtigmachen will.

»Okay. Heißt das, dass es nicht üblich ist? Oder haben Sie hier im Krankenhaus nicht die Möglichkeit, eine solche Untersuchung durchzuführen?«

Doktor Manangagwa verdreht die Augen. »Es ist nicht üblich, da es medizinisch keinen Sinn macht«, sagt er genervt, »niemand untersucht das.« Mit diesen Worten klappt er Kings Akte zu und weist die Krankenschwester an, seine tägliche Dosis an Antibiotikum leicht zu erhöhen. »Vertrauen Sie mir: Wir tun hier alles für Ihren Sohn.«

Ich vertraue ihm nicht. Kaum ist der Arzt gegangen, stecke ich der Schwester ein paar Shilling zu und bitte sie, noch einmal Blut bei King abzunehmen. Nachdem sie sich vergewissert hat, dass niemand zusieht, tut sie mir den Gefallen. Das gefüllte Röhrchen lasse ich in meine Handtasche gleiten.

»Mama ist gleich wieder da«, sage ich zu King und küsse ihn auf die Stirn.

Dann verlasse ich mit meiner Beute die Klinik. Draußen rufe ich den netten Taxifahrer an, der King und mich vor ein paar Tagen hierhergebracht hat. Er hatte mir seine Nummer notiert und Hilfe angeboten, wenn ich sie brauchte. Also nehme ich ihn beim Wort.

»Was ist los?«, erkundigt sich Henry, als ich neben ihm im Wagen sitze.

»Ich glaube, dass mit Kings Blutwerten etwas nicht stimmt. Aber die Ärtze im Krankenhaus nehmen mich nicht ernst«, erzähle ich ihm. »Ich möchte, dass sie sein Blut auf einen erhöhten Bleigehalt überprüfen, aber sie untersuchen das einfach nicht!«

»Hm«, brummt Henry, der von diesen Dingen genauso wenig versteht wie ich. Trotzdem tut es gut, meine Gedanken mit ihm zu teilen. »Und was hast du jetzt vor?«, fragt er.

Ich zeige ihm das Röhrchen mit der Blutprobe. »Kennst du vielleicht ein Labor, in dem ich das testen lassen kann?« Als Taxifahrer sollte Henry die Stadt schließlich gut kennen.

»Ja, vielleicht«, sagt er. »Versprechen kann ich dir nichts, aber immerhin kenne ich ein paar Orte, wo wir nachfragen können.«

Und so kutschiert mich Henry kreuz und quer durch Mombasa. Systematisch klappern wir sämtliche medizinische Labore ab, aber überall bekomme ich dieselbe Antwort: Das Labor verfüge leider nicht über die entsprechenden Instrumente, um den Bleigehalt zu ermitteln. Am späten Nachmittag bin ich mit meinen Nerven ziemlich am Ende. »Ist das denn so kompliziert?«, fahre ich den Mann im weißen Kittel im wer-weiß-wievielten Labor an. »Irgendjemand muss diesen Service doch anbieten!«

»Nicht, dass ich wüsste«, sagt der Laborant und mustert mich mitleidig. »Es ist Ihnen wohl sehr wichtig?«

Macht er Witze? Das Leben meines Sohnes hängt daran!

»Wenn Sie wollen, kann ich mich erkundigen, ob unser Haupthaus in Nairobi das notwendige Instrumentarium besitzt.«

»Bitte tun Sie das!« Nairobi ist nur eine Tagesreise entfernt. Zur Not könnte ich mit dem Bus dorthin fahren.

Der Mann wählt die Nummer der Zentrale und spricht mit seinem Kollegen. Ich spitze die Ohren, kann aber kein Wort von dem verstehen, was am anderen Ende gesagt wird. Als er aufgelegt, sehe ich ihn erwartungsvoll an. Aber er schüttelt den Kopf. »Leider ist es auch dort nicht möglich«, sagt er, »nirgendwo in Kenia.«

»Und im Ausland?«

»In Johannesburg kann eine solche Analyse gemacht werden.«

Ich lasse den Kopf hängen: Südafrika liegt am anderen Ende des Kontinents. Ein Flugticket dorthin übersteigt meine finanziellen Kapazitäten bei Weitem.

»Ich könnte Ihre Probe an ein Labor dort schicken«, höre ich den Mann sagen. »Natürlich wird es eine Weile dauern, bis die Resultate zurück sind.«

»Wie lange?«

»Keine Ahnung, ein paar Tage vielleicht?«

»Ja, machen Sie das, verschicken Sie die Probe bitte«, beschwöre ich den Mann. Hauptsache, Kings Blut wird überhaupt getestet.

»Der Preis beträgt 50 Dollar, Vorkasse.«

Ich schlucke. Will er mich übers Ohr hauen? Gibt es überhaupt ein Labor in Johannesburg? Egal, dieses Risiko muss ich eingehen. Vielleicht ist es die einzige Möglichkeit, die Ursache für Kings Leiden zu ergründen. Und ich brauche unbedingt Gewissheit.

»Abgemacht«, sage ich. »Ich bin gleich mit dem Geld zurück.«

* * *

Ich starre auf den Computerausdruck. Nach über einer Woche des Wartens halte ich die Ergebnisse der Blutuntersuchung endlich in Händen. Die vergangene Woche war die Hölle für mich.

King geht es unverändert schlecht. Keines der Antibiotikapräparate, das die Ärzte wechselweise an ihm ausprobierten, hat angeschlagen. Das einzige Resultat dieser Behandlung ist, dass nun auch sein Magen und sein Darm nicht mehr funktionieren. Aufgrund des permanenten Durchfalls trägt er Windeln. Und da er nichts bei sich behält, muss er jetzt auch künstlich ernährt werden. Nur mit Mühe gelingt es den Ärzten zudem, sein Fieber unter Kontrolle zu halten. Ich habe in den vergangenen Nächten vor Sorge kaum ein Auge zugemacht.

Der Ausdruck ist blass. Offenbar ging im Labor gerade der Toner zur Neige, als er angefertigt wurde. Er zeigt eine Tabelle, in der die Werte verschiedener Metalle aufgeführt sind, die im menschlichen Blut enthalten sind: Eisen, Zink, Magnesium und Blei.

»Blei: 35 mg/dl«, lese ich. Fragend sehe ich den Mann vom Labor an, der mir das Papier ausgehändigt hat. »Und was heißt das?«, frage ich ihn. »Was bedeutet dieser Wert für mein Kind?«

»Der Richtwert der WHO liegt bei maximal zehn Milligramm Blei pro Liter«, klärt er mich auf.

Ich rechne hektisch nach: Zehn Milligramm pro Liter entsprechen einem Milligramm pro Deziliter. In Kings Blut wurden aber offenbar 35 Milligramm pro Deziliter gefunden. »Also ist der Wert zu hoch?«

»Ja, er ziemlich hoch: 35 Mal höher, als er normalerweise sein dürfte. Das ist ein ziemlicher Hammer!«

Mir wird schwindelig. Es ist also wirklich wahr, denke ich bestürzt. Der Verdacht, den Savanna als Erste ausgesprochen hat, hat sich auf schreckliche Weise bewahrheitet. Kings Blut, sein gesamter Körper ist hochgradig mit dem Blei aus der Metal Refinery kontaminiert.

Wie in Trance verabschiede ich mich von dem Herrn aus dem Labor und gehe hinaus auf die Straße. Ich muss mich zwingen, ruhig zu atmen, um nicht völlig die Fassung zu verlieren: Diese

Schweine! Diese Verbrecher! Wie konnten Herr Shah und die Besitzer der Metal Refinery mich nur ermutigen, King mit zur Arbeit zu nehmen und auf dem Werksgelände herumtollen zu lassen? Sie müssen doch gewusst haben, wie gefährlich das ist!

Wenn ich daran denke, wie froh ich darüber war, mein Betreuungsproblem gelöst zu haben, wird mir ganz schlecht: Ich war so naiv! Es war mir überhaupt nicht in den Sinn gekommen, dass ich King an meinem neuen Arbeitsplatz irgendeiner Gefahr aussetzen würde. Wer würde denn auch auf so eine Idee kommen? Nun musste King für meine Blauäugigkeit bezahlen.

Im Krankenhaus schlage ich Alarm. Die Ärzte, insbesondere Doktor Manangagwa, halten meine Behauptungen zunächst für abstrus. Aber wenigstens kann ich erreichen, dass die Laborergebnisse dem Oberarzt vorgelegt werden.

Bei der nächsten Visite kommt der Chef persönlich. Der füllige Mittsechziger wird von einer Entourage junger Ärzte begleitet, die um ihn herumscharwänzeln und versuchen, mit intelligenten Kommentaren zu glänzen. »Ist das der Junge?«, wendet sich der Oberarzt an Doktor Manangagwa.

»Ja«, antwortet der junge Arzt beflissen. »Seine Bleiwerte sind bemerkenswert hoch.«

»Das habe ich gesehen. Es war eine gute Idee von Ihnen, sie extern analysieren zu lassen.«

»Ich bin diejenige, die sein Blut im Labor untersuchen hat lassen, weil Ihr Kollege sich geweigert hat«, mische ich mich ein. Aber die Ärzte ignorieren mich, sie sind ganz auf King konzentriert und beäugen den Ausschlag, den er kürzlich am Bein entwickelt hat. Der Oberarzt lässt sich die Fieberkurve zeigen.

»Ja, ganz klar eine Bleivergiftung«, befindet er. »Das ist eindeutig.«

Ich schlucke. Nun ist es also amtlich. Fast bin ich erleichtert, dass die Diagnose endlich feststeht: Jetzt können wir King wenigstens adäquat behandeln. »Und was können Sie dagegen tun?

Welche Therapiemöglichkeiten gibt es bei einer Bleivergiftung?«, frage ich.

»Therapie? Ich fürchte, da können wir nicht viel machen«, sagt der Oberarzt. »Am besten, Sie nehmen den Jungen mit nach Hause. Hier würde Sie das nur unnötig Geld kosten.«

Ich sehe ihn entgeistert an. »Aber … King muss doch wieder gesund werden!«, stammle ich.

»Es gibt in dem Sinne keine Heilung bei einer Bleivergiftung: Das Metall ist kaum wieder aus dem Körper zu entfernen.«

Die Worte sickern nur langsam in mein Bewusstsein. Keine Heilung? »Aber er braucht doch Medikamente!«, begehre ich auf.

»Es gibt keine Medikamente, die Bleibelastung und die daraus folgenden Schäden sind irreversibel.«

Irreversibel. Hieß das, dass King für den Rest seines Lebens so krank sein würde wie jetzt? »Aber er wird doch überleben?«, frage ich zaghaft.

Der Arzt richtet seinen Blick über meinen Kopf hinweg in die Ferne. »Solange seine Organe mitspielen, wird der Junge am Leben bleiben«, sagt er vage. »Unten, an der Kasse, können Sie Ihre Rechnung begleichen.« Mit diesen Worten lässt er mich stehen.

Als sich die Tür hinter den Weißkitteln schließt, bin ich mit King allein. Ich beuge mich über ihn und streiche dem Jungen über die Stirn. Er blinzelt. »King, mein kleiner Liebling!«, sage ich zärtlich und tupfe mir mit dem Bettlaken schnell die Tränen aus dem Gesicht, damit er nicht sieht, dass ich weine. »Wir kriegen dich schon wieder hin.«

* * *

»2024 Dollar«, sagt die Frau an der Kasse.

»Wie bitte?«

»Das macht 2024 Dollar«, wiederholt sie und schiebt mir die Rechnung hin: Eine feinsäuberliche Auflistung aller medizinischen Leistungen, die King im Krankenhaus erhalten hat, dazu 19 Tagessätze plus mein Gästebett plus die Mahlzeiten, die wir bekommen haben.

»Sie können die Rechnung auch mit Karte begleichen«, sagt die Frau freundlich.

»Mit Karte … ja, äh …« Ich überschlage rasch, welches Kreditvolumen mir die Bank wohl einräumt. Aber selbst wenn ich sowohl meine Bank- als auch die Kreditkarte bis aufs Limit belaste, komme ich damit nicht hin.

»Kann ich vielleicht einen Teil jetzt und den Rest später bezahlen?«

»Natürlich«, sagt die Frau. »Aber dann müsste der Patient so lange hierbleiben, und das verursacht neue Kosten.«

Ich starre sie feindselig an. »Sie behalten meinen Sohn also in Geiselhaft, bis ich sämtliche Schulden beglichen habe«, fasse ich zusammen.

Die Frau zieht die Mundwinkel nach unten. »So sind nun einmal die Regeln. Das haben Sie bei der Aufnahme unterschrieben.« Sie will mir die entsprechende Klausel im Vertrag zeigen.

»Schon gut«, unterbreche ich sie genervt. »Ich werde das Geld schon irgendwie zusammenbekommen.«

Aber das ist leichter gesagt als getan. Ich verbringe den ganzen Tag damit, Freunde und Verwandte zu kontaktieren und sie zu bitten, mir Geld zu leihen. Die meisten versuchen, mir im Rahmen ihrer Möglichkeiten zu helfen. Trotzdem fehlen am Ende noch 150 Dollar. Da kommt mir eine Idee: Warum sollte ich nicht die zur Verantwortung ziehen, die Kings Leiden verursacht haben?

Kurz entschlossen wähle ich die Handynummer von Herrn Shah. »Phyllis!«, begrüßt er mich. »Geht es Ihrem Sohn endlich besser? Und wann kommen Sie zurück zur Arbeit?«

»Nein, es geht ihm nicht besser. Und wir werden auch nicht zurückkommen.«

»Was soll das heißen?«

»Die Metal Refinery ist schuld daran, dass es King so schlecht geht!«, bricht es aus mir heraus. »Sie hätten mich warnen müssen, dass das Gelände verseucht ist. Ich verlange eine Kompensation von Ihnen!«

»Phyllis, sind Sie völlig durchgedreht?«, unterbricht mich Herr Shah. »Es war Ihre Entscheidung, Ihren Sohn mit zur Arbeit zu nehmen. Wir haben mit seiner Erkrankung nichts zu tun.«

»Doch, das haben Sie! Sie wissen genau, wie giftig die Emissionen der Metal Refinery sind. Sie vergiften die ganze Nachbarschaft mit Blei – und es ist Ihnen völlig egal!«

»Was reden Sie da? Hat Ihnen dieser Umweltvogel Owiti diese Flausen in den Kopf gesetzt?«

»Kings Behandlung kostet 2000 Dollar. Ich brauche das Geld von Ihnen – und zwar sofort.«

Herr Shah lacht, als hätte ich einen besonders guten Witz gemacht. »Haha, träumen Sie weiter, meine Teuerste«, sagt er. »Aber bitte behelligen Sie mich nicht länger mit Ihren Privatangelegenheiten.«

Meine Privatangelegenheiten? Jetzt verliere ich die Beherrschung. »Wenn King stirbt, sind Sie dafür verantwortlich«, brülle ich ins Telefon. Aber da hat Herr Shah bereits aufgelegt. Wütend starre ich auf das Display meines Handys. Ich drücke auf Wahlwiederholung, doch er geht nicht mehr ran.

Am Ende leiht mir der Mann meiner Schwester die noch fehlenden 150 Dollar, und ich kann King endlich auslösen. Zu Hause bereite ich ihm ein Krankenlager. Mit einer Schnabeltasse flöße ich ihm schluckweise Wasser ein. Ausreichende Flüssigkeitszufuhr ist bei Fieber besonders wichtig, das weiß ich. Und damit enden meine medizinischen Fachkenntnisse auch schon. Was soll ich bloß mit dem schwer kranken Jungen anfangen? Wie soll ich ihn behandeln?

In meiner Ratlosigkeit schnappe ich mir mein Laptop und befrage Dr. Google. Auf Wikipedia heißt es zum Stichwort »Bleivergiftung«: »Blei schädigt das zentrale und das periphere Nervensystem, beeinträchtigt die Blutbildung und führt zu Magen-Darm-Beschwerden und Nierenschäden. Bleiverbindungen sind fortpflanzungsgefährdend. Schwere Vergiftungen führen zu Koma und Tod durch Kreislauf- oder Organversagen.«

Erschrocken klappe ich den Computer wieder zu. Das bedeutet ja, dass nicht nur King, sondern auch die Arbeiter, die ich angeheuert habe, und sämtliche Bewohner Owino Uhurus, die die giftigen Emissionen täglich einatmen, sich potenziell in Lebensgefahr befinden. Und ich, die ich in der toxischen Umgebung gearbeitet habe, am Ende auch? Langsam, Phyllis, nicht durchdrehen. Denk nach. Der Einzige, der sich wirklich mit diesem Thema auskennt und mir kompetent Auskunft geben könnte, dürfte Fred Owiti sein, der Umweltexperte, der den Bericht erstellt hat.

In den Kontaktdaten meines Handys suche ich nach seiner Nummer. Gott sei Dank, ich habe sie eingespeichert. Nach einer gefühlten Ewigkeit geht Owiti endlich ran: »Hallo?«

»Ja, hallo, hier ist Phyllis Omido!«

»Ach, die Dame von der Metal Refinery.« Seine Stimme klingt verhalten.

»Ich arbeite nicht mehr für die Metal Refinery«, stelle ich klar.

»Oh, dann haben wir ja etwas gemeinsam«, sagt er schon freundlicher. »Wurden Sie ebenfalls gefeuert?«

»So ungefähr.«

Ich erzähle Owiti von dem Zerwürfnis mit meinen Chefs und der schweren Erkrankung meines Sohnes. »Er hat eine Bleivergiftung. Mit genau den Symptomen, die Sie in Ihrem Bericht vorhergesagt haben.«

»Das tut mir furchtbar leid«, sagt er ehrlich betroffen.

»Ja, es ist schlimm. Es geht ihm ganz elend. Ich verstehe immer noch nicht, wie es dazu kommen konnte.«

»Geben Sie ihm noch die Brust?«

Ich bejahe.

»Dann hatten Sie vielleicht Rückstände auf der Haut – und er hat sie beim Stillen aufgenommen.«

Seine Worte treffen mich mitten ins Herz. Nur mit Mühe gehen mir die nächsten Worte über die Lippen: »Gibt es denn kein Gegenmittel?«

»Bedauerlicherweise nein. Wenn das Metall erst einmal im Körper ist, kriegt man es nicht wieder raus. Ich kann Ihnen nur empfehlen, Ihrem Sohn viel zum Trinken zu geben. Auch Zink und Kalzium sollen in geringem Maße helfen.« Er klingt nicht sehr überzeugt. »Aber Sie müssen sich an den Gedanken gewöhnen, dass King nie wieder der Alte sein wird, Frau Omido. Die Schäden sind nicht rückgängig zu machen.«

»Ich verstehe«, höre ich mich sagen.

Diese bittere Auskunft hatte mir ja der Oberarzt bereits gegeben. Doch dass Owiti auch nicht mehr einfällt, ist eine sehr schlechte Nachricht.

»Aber Fred«, sage ich – und merke gar nicht, dass ich ihn beim Vornamen nenne, »was heißt denn das jetzt für die Leute von Owino Uhuru? Für die Arbeiter, die Frauen und Kinder? Was soll denn passieren, wenn sie alle krank werden?«

»Tja, das müssen Sie mal Ihren ehemaligen Arbeitgeber fragen, der meinen Bericht über die Gefahren der Fabrik für die Anwohner in der Schublade versenkt hat. Ich denke, Sie sind darüber im Bilde.«

»Ja«, muss ich zugeben und bekomme ein furchtbar schlechtes Gewissen. Ich muss die Leute von Owino Uhuru unbedingt vor der Gefahr warnen, bevor es zu spät für sie ist!

* * *

Ein paar Tage später stehe ich schon im Morgengrauen vor dem Werkstor der Metal Refinery. Gleich beginnt die Frühschicht. Die Sicherheitskameras haben mich längst ins Visier genommen, ich bin mir sicher, dass jede meiner Bewegungen drinnen in der Fabrik registriert wird, aber das ist mir egal. Ich habe nichts zu verlieren.

Viele der Arbeiter, die nun an mir vorbeiströmen, kennen mich noch. »Hallo, Phyllis, lange nicht gesehen!«, begrüßt mich ein Mann, den ich erst vor einigen Wochen eingestellt habe. Ich erinnere mich noch genau an ihn, weil er ein ganzes Stück älter ist als der Durchschnitt der Arbeiter und ein ziemlich zerfurchtes Gesicht hat. Soweit ich weiß, agiert er als eine Art informeller Chef der Einwohner von Owino Uhuru. Der Dorfälteste ist genau der Mann, den ich brauche! Glücklicherweise fällt mir auch gleich sein Name ein: Alfred Ogolla.

»Hallo, Alfred!«, begrüße ich ihn. »Ja, ich war lange Zeit nicht hier: Mein Sohn ist krank.«

Alfred macht ein betroffenes Gesicht. »Das tut mir leid«, sagt er, »hoffentlich geht es ihm bald wieder besser.«

»Danke. Aber die Chancen sind gering: Er hat eine Bleivergiftung, eine schlimme Sache.«

Schnell hat sich eine Traube von Männern um uns gebildet, die neugierig dem Gespräch lauscht. Darauf habe ich nur gewartet. Als die Gruppe groß genug ist, mache ich meine Ansage: »Mein Sohn hat sich in der Metal Refinery vergiftet. Und euch wird dasselbe passieren«, warne ich die Männer. »Diese Anlage ist giftig. Sie wird euch und eure Familien krank machen.«

»Nun übertreib mal nicht, Phyllis!«, unterbricht mich Alfred. »Nur weil dein Sohn krank ist, heißt das noch lange nicht, dass wir alle krank werden. Das wird nicht geschehen.« Die anderen Männer nicken.

»Doch, das wird es«, widerspreche ich. »Und das Problem ist: Wenn ihr erst einmal krank seid, kann man nichts mehr daran ändern. Dann ist es zu spät. Ich weiß inzwischen sehr viel darüber.«

»Vor ein paar Wochen hast du uns noch erzählt, dass die Metal Refinery ein guter Arbeitgeber ist«, erinnert mich Alfred. »Jetzt hast du deinen Job verloren und bist wütend, das verstehe ich ja, aber …«

»Ich bin nicht wütend!«, entgegne ich ungehalten. »Hast du mir denn gar nicht zugehört?«

Mein barscher Tonfall kommt überhaupt nicht gut an: Ich kann spüren, wie die Stimmung in der Gruppe sich gegen mich wendet. »Sie ist völlig hysterisch«, sagt ein Mann von weiter hinten halblaut.

»Wie alle Frauen, wenn ihre Kinder krank werden«, bestärkt ihn ein anderer. In das zustimmende Murmeln mischt sich Gelächter.

»Geh lieber nach Hause und kümmere dich um deinen Sohn«, sagt Alfred zu mir. Mit einem Kopfnicken animiert er die anderen zum Aufbruch. Einer nach dem anderen verschwindet hinter dem Werkstor. Bestimmt jubelt Herr Shah dort drinnen über die Abfuhr, die sie mir erteilt haben.

Verdrossen mache ich mich auf den Rückweg. Das ist gründlich schiefgegangen, muss ich mir eingestehen. Aber ich habe es wenigstens versucht: Keiner kann mir vorwerfen, dass ich es nicht zumindest probiert hätte, die Arbeiter zu warnen. In gewisser Weise kann ich sogar verstehen, dass sie nichts Negatives über die Metal Refinery hören wollen: Sie brauchen das Geld und waren alle so froh, als sie die Jobs im Werk bekamen. Dass irgendein schleichendes Gift, das man nicht sah, sie angreifen würde, klang ja auch irgendwie absurd. Wahrscheinlich werden sie die gesundheitlichen Beeinträchtigungen eher früher als später selbst erleben. Aber was ist mit ihren Frauen und Kindern? Hatte ich ihnen gegenüber nicht ebenfalls eine Verantwortung?

Statt zum Bus zu laufen, gehe ich zu den Hütten von Owino Uhuru. Für einen Moment habe ich ein schlechtes Gewissen, weil ich Silas mit King alleine lasse, aber der Zustand des Jungen war so weit stabil gewesen, und mein Bruder hat erst am Nachmittag Vorlesungen.

In den Gassen sehe ich kleine Kinder auf allen vieren im Staub herumtollen. Staub, der, wie ich mittlerweile weiß, Nacht für Nacht durch die Abgase der Metal Refinery kontaminiert wird. Wie lange wird es wohl dauern, bis sie dieselben Symptome wie King aufweisen werden? Zumal ihre Mütter, ohne fließend Wasser in ihren Behausungen, vermutlich mehr Ablagerungen auf der Haut haben dürften als ich. Ich ertappe mich, wie ich die Kleinen anstarre. Bei einem Jungen glaube ich einen Ausschlag zu erkennen. An seinem Arm wirkt die Haut wie abgestorben.

Als seine Mutter ihn zu sich ruft, spreche ich sie an: »Hat Ihr Junge diesen Hautausschlag schon lange?« Die Frau blickt mich irritiert an. Sie trägt eine Brille sowie eine frisch gebügelte, weiße Bluse, als wolle sie gleich zur Arbeit gehen. In ihre schulterlangen Haare hat sie sich Locken gedreht. Ich schätze sie auf ungefähr vierzig Jahre.

»Nein, wieso fragen Sie das?«, erkundigt sie sich. »Sind Sie nicht von der Metal Refinery? Ich meine, ich hätte Sie schon mal mit einem der Herren von dort gesehen.«

»Ja, das kann gut sein. Aber ich musste meine Arbeit dort aufgeben, weil mein Sohn erkrankt ist. Er hatte denselben Ausschlag wie Ihrer.«

»Was Sie nicht sagen! Diesen Ausschlag haben neuerdings einige Kinder hier.«

»Er wird durch die ätzenden Dämpfe verursacht, die entstehen, wenn in der Metal Refinery Batterien eingeschmolzen werden«, erkläre ich. »Dieser Prozess ist hochgiftig. Und besonders Kinder können schlimme Schäden davontragen. Hatte Ihr Sohn in letzter Zeit manchmal Fieber?«

Die Frau nickt erschrocken. »Ihrer etwa auch? Was bedeutet das?«

»Bei meinem Sohn wurde eine Bleivergiftung festgestellt.«

Die Frau bittet mich in ihr Haus – und ruft auch gleich einige Nachbarinnen dazu, die bei ihren Kindern ähnliche Symptome beobachtet haben. Die anderen nennen die Hausherrin respektvoll »Pastorin Anastasia«, und ich erfahre, dass sie die Pfarrerin der apostolischen Kirche in der Nachbargemeinde ist.

Zusammen mit ihrem Mann und vier Kindern wohnt Anastasia in einem bescheidenen Heim, mitten im Slum. Der Platz, den die Familie für sich beansprucht, besteht aus einem Wohnraum, der nachts auch als Schlafplatz für die Eheleute sowie ihr jüngstes Kind dient. Daneben gibt es ein Schlafzimmer für die älteren Kinder, einen Lager- und Vorratsraum und eine durch eine Plastikplane abgetrennte »Küche«: Dort befindet sich ein Gaskocher und die Regentonne, aus der Anastasia nun Wasser schöpft, um Tee für uns zu kochen.

Als sie das dampfende Getränk serviert, zögere ich: Wenn sich auf Anastasias Dach bereits Blei abgelagert hat, könnte es auch in das Trinkwasser der Familie gelangt sein. Obwohl ich meine Gastgeberin nicht brüskieren will, spreche ich meinen Verdacht offen aus.

»Um Himmels willen – wir trinken dieses Wasser jeden Tag!«, ruft Anastasia aus und schüttet den Tee sofort weg.

»Was soll das bedeuten? Wollen Sie uns etwa sagen, dass die Metal Refinery die ganze Siedlung vergiftet?«, fragt eine der Nachbarinnen.

Ich nicke. »So ungefähr ist es. Es hat unter anderem mit den Abgasen zu tun, die in die Siedlung herüberwehen.«

»Sie meinen den schwarzen Rauch, der nachts aus den Schornsteinen kommt?«

»Ja genau. Dieser Rauch stammt direkt aus dem Ofen, in dem die Batterien eingeschmolzen werden«, gebe ich das weiter, was ich durch die Gespräche mit Owiti und meine Internet-Recherchen gelernt habe: »Selbst wenn man den Rauch nicht direkt einatmet, ist er gefährlich, weil sich das Blei, das er enthält, überall absetzt. Wenn es zum Beispiel über das Wasser in den Körper gerät, kann es dort in ziemlich kurzer Zeit erhebliche Schäden verursachen. So war es auch bei meinem Sohn: King ist innerhalb weniger Wochen schwer erkrankt.«

»Und wie geht es ihm jetzt?«

»Die Ärzte habe ihn kürzlich aus dem Krankenhaus entlassen. Aber nicht, weil er wieder gesund wäre, sondern …«

Ich kann nicht weitersprechen. Anastasia, die sieht, dass mir die Tränen übers Gesicht laufen, nimmt mich spontan in den Arme. »So Gott will, wird Ihr Junge wieder gesund werden«, sagt sie beruhigend. »Danke, dass Sie zu uns gekommen sind, um uns zu warnen. Das war sehr mutig von Ihnen und sehr wichtig. Gott segne Sie. Sie haben genau das Richtige getan.«

* * *

Als ich an diesem Tag nach Hause komme, ist mir zum ersten Mal seit Kings Erkrankung etwas leichter ums Herz: Zumindest die Frauen von Owino Uhuru haben meine Warnungen gehört und ernst genommen.

Bevor ich meinen Bruder an Kings Krankenbett ablöse, ziehe ich sämtliche Kleider aus und befreie mich von dem Tuch, unter dem ich meine Haare verborgen hatte. Alles fliegt in die Waschmaschine. Dann stelle ich mich unter die Dusche und schrubbe mich mit Seife ab. Erst als ich vollkommen gereinigt bin, traue ich mich, meinem Kind zu begegnen.

»Mama!«, sagt King, als er mich sieht. Er ist immer noch sehr schwach. Silas berichtet, dass der Junge die meiste Zeit geschlafen habe und dass seine Temperatur weitgehend niedrig geblieben sei. »Sie ist nur einmal auf knapp 39 Grad gestiegen. Aber ich habe ihm sofort Wickel gemacht.«

»Gut. Ich werde gleich noch mal messen«, sage ich und packe die Milch aus, die ich für King mitgebracht habe. Owiti hatte ja gesagt, dass er viel Kalzium braucht. Zinktabletten hätte ich auch gerne noch besorgt, aber dafür reicht mein Geld aktuell leider nicht aus.

Während ich die Milch für King langsam auf dem Herd erhitze, klingelt mein Telefon. Ich schiele auf das Display: Es ist Manan Shah von der Metal Refinery. Was will der wohl? Ich drehe die Flamme ab und schnappe mir das Handy.

»Hi Phyllis«, sagt er und hält sich nicht lang mit Höflichkeitsfloskeln auf: »Wir müssen reden.«

»Reden worüber?«

»Sie waren heute Morgen in Owino Uhuru.«

»Na und?« Vermutlich will er mir vorwerfen, dass ich seine Arbeiter aufhetze. Aber dazu werde ich ihm keine Gelegenheit geben. Sofort gehe ich in die Offensive: »Das Einzige, worüber ich mit Ihnen reden möchte, ist das Geld für Kings Behandlung! Ich habe 2000 Dollar im Krankenhaus gelassen und verlange, dass mir die Firma dieses Geld wiedergibt. Haben Sie meinen Brief mit der Rechnung nicht bekommen?«

»Doch, sicher. Auch darüber können wir sprechen. Kommen Sie bitte morgen um zehn Uhr in mein Büro.«

Die Offerte kommt so unvermittelt, dass ich – ohne weiter darüber nachzudenken – einwillige. Nachdem er aufgelegt hat, gerate ich ins Grübeln. Herr Shah will, dass ich zu ihm komme? Er will über Geld mit mir reden? Nach allem, was ich bislang mit der Metal Refinery erlebt habe, gebe ich mich nicht der Illusion hin, dass die Firmenleitung einsichtig geworden ist und ihre Fehler wiedergutmachen will. Was hat der Kerl also vor? Auf jeden Fall werde ich nicht alleine zu ihm gehen. Ob ich Savanna bitten soll, mich zu begleiten?

Ich rufe sie an, um zu fragen, ob sie das einrichten könne. Aber meine Freundin ist skeptisch. »Was willst du denn mit mir, Phyllis?«, fragt sie. »Willst du nicht lieber einen Juristen mitnehmen? Ich könnte meinen Kollegen fragen. Herr Too kennt sich zumindest mit Vertragsauflösungen aus.«

Dankbar nehme ich das Angebot an.

Herr Too ist ein ruhiger, hilfsbereiter Zeitgenosse, der ein Auge auf Savanna geworfen hat und sich sofort bereit erklärt, mich zu unterstützen, als diese ihn darum bittet. Früh am nächsten Tag verabreden wir uns in der EPZ für ein Briefing.

Nachdem ich ihm alles erklärt habe, fahren wir gemeinsam zur Metal Refinery. Ich habe mich sorgfältig geschminkt und in Schale geworfen: Wie an meinem ersten Arbeitstag habe ich mir von Dorkas das violette Business-Kostüm geliehen. Es ist mir wichtig, gut auszusehen: Falls mich Kings Krankheit, die Sorgen um ihn, gezeichnet haben sollten, will ich mir das nicht anmerken lassen.

Als ich aus Herrn Toos Auto aussteige, setze ich ein eisiges Lächeln auf. Es ist wie üblich Karisa, der uns das Tor öffnet. Ich bekomme einen Schrecken, als ich ihn zum ersten Mal nach Wochen wiedersehe: Der junge Mann sieht überhaupt nicht gut aus. Seine Augen sind glasig, die Haut ist fleckig. Er wird doch nicht ebenfalls …?

»Hi Philly!«, reißt er mich fröhlich aus meinen Grübeleien. »Wie geht es King?«

»Gut«, lüge ich, »besser zumindest. Er vermisst dich.«

Karisa lächelt. »Ich vermisse ihn auch. Bitte grüß ihn von mir!«

Das verspreche ich ihm gerne. Und dann müssen Herr Too und ich auch schon weiter, denn auf der anderen Seite des Hofes wartet Herr Shah bereits mit finsterer Miene. Er wird begleitet von zwei riesigen Typen in schnieken Anzügen. Unter der eleganten Kleidung zeichnen sich deutlich die Muskelpakete der

Gorillas ab. Mir wird ganz bang bei ihrem Anblick. Hätte ich mich anstatt von einem Juristen lieber von einem Bodyguard begleiten lassen sollen?

Nach einer knappen Begrüßung sagt Herr Shah, auf die Männer neben ihm deutend: »Diese beiden Herren sind die Rechtsanwälte der Metal Refinery. Sie haben eine Vereinbarung für dich vorbereitet. Am besten klären wir das in meinem Büro.«

Ich werfe meinem Begleiter einen unsicheren Blick zu. »Meine Mandantin und ich freuen uns darauf, diese Angelegenheit im beiderseitigen Einvernehmen zu klären«, antwortet Herr Too diplomatisch. »Sicherlich haben Sie in Ihrer Vereinbarung unsere Forderung nach einer Kompensation für die Krankenhaus-Auslagen berücksichtigt?«

»Die Firma bedauert die Erkrankung des armen Jungen zutiefst«, behauptet Herr Shah, dem wir jetzt in sein Büro folgen. »Schrecklich, dass die Ärzte immer noch nicht herausfinden konnten, was ihm fehlt.«

»Aber das haben sie doch inzwischen!«, widerspreche ich. Was erzählt er da für einen Unsinn?

Herr Shah ignoriert meinen Einwand. »Die Firma hat größtes Verständnis dafür, dass Phyllis ihr Kind ins Krankenhaus begleiten musste und während dieser Zeit nicht in der Arbeit erschienen ist«, fährt er fort. »Aber natürlich können wir diesen Zustand nicht ewig tolerieren. Als Geste unserer Großzügigkeit sind wir jedoch bereit, Phyllis ihren Lohn bis zum endgültigen Ausscheiden aus der Firma fortzuzahlen – also bis heute.«

Ich spitze die Ohren. Sie wollen mir also tatsächlich Geld bezahlen? Das erstaunt mich doch sehr.

»Wir haben einen Auflösungsvertrag vorbereitet«, sagt einer der beiden Gorilla-Anwälte. »Darin wird eine Lohnfortzahlung in Höhe von 2000 Dollar vereinbart.«

Es ist genau die Summe, die ich für Kings Behandlung im Krankenhaus hinblättern musste. Was für ein Glück! Aber irgendetwas kommt mir an dieser Großzügigkeit seltsam vor. »Ich fordere doch gar nicht die Fortzahlung meines Lohns, sondern lediglich die Erstattung der Krankenhauskosten«, wende ich ein.

»Mit den Krankenhauskosten hat die Metal Refiney nichts zu tun«, sagt der Gorilla-Anwalt. »Das ist Ihre private Angelegenheit.«

»Nein, ist es nicht! King war aufgrund einer Bleivergiftung im Krankenhaus, die er sich hier, im Werk, zugezogen hat.«

Herr Shah schüttelt lächelnd den Kopf. »Sie können natürlich glauben, was Sie wollen, Phyllis«, sagt er gönnerhaft, »aber für diese Anschuldigungen gibt es keine Belege. Und deshalb werden Sie auch damit aufhören, die Leute in Owino Uhuru gegen uns aufzuhetzen. Das ist ebenfalls Teil der Vereinbarung.« Mit diesen Worten reicht er Herrn Too das vorbereitete Schreiben. Mein Anwalt liest den Text aufmerksam durch. »Der Vertrag ist okay«, sagt er anschließend zu mir. »Die 2000 Dollar bekommen Sie als Vergütung für Ihre Arbeit, aber nicht als Kompensation für die Unkosten, die Ihnen durch Kings Krankheit entstanden sind. Außerdem unterschreiben Sie, dass Sie die Metal Refinery nicht mehr vertreten und nicht mehr in ihrem Namen handeln oder sprechen. Und er enthält eine Schweigeklausel. Sie dürfen nicht länger über die Firma reden. Mit niemandem.«

»Das ist unser Angebot, und ich finde, es ist sehr großzügig«, behauptet Herr Shah.

Ich bin unsicher. Das Geld ist verlockend, nein, es ist mehr als das: Es ist lebenswichtig, um die kommenden Monate zu überstehen. Außerdem finde ich, dass es King und mir zusteht.

»Unterschreiben Sie und Sie bekommen das Geld«, drängelt einer der Gorillas.

»Haben Sie das Geld hier?«, frage ich.

»Ich stelle Ihnen einen Scheck aus«, sagt Herr Shah und zückt sogleich seinen Block. Vor meinen Augen trägt er die

Summe von 2000 Dollar ein, unterschreibt aber noch nicht. Kann ich ihm trauen? Ich bin hin- und hergerissen.

Herr Too macht einen Vorschlag: »Meine Herren, lassen Sie uns doch auf die Bank gehen und das Geld gemeinsam abheben.«

Damit ist Herr Shah einverstanden. Also fahren wir zu fünft zur Bank. Fasziniert sehe ich zu, wie der Bankangestellte mir am Schalter die Scheine hinblättert. Als ich nachgezählt habe, unterschreibe ich den Auflösungsvertrag. Herr Shah wirkt sehr erleichtert. Und auch ich glaube, dass das Kapitel Metal Refinery damit beendet ist.

KAPITEL 3
Der Fluch

Meine Geschwister freuen sich riesig, als ich mit dem Geld von der Metal Refinery nach Hause zurückkehre. Sie können kaum glauben, dass ich tatsächlich eine Abfindung erstritten habe. Stolz blättere ich Susan die 150 Dollar, die mir ihr Mann geliehen hat, auf den Tisch.

»Ich weiß nicht, wie du das immer machst, Phyllis«, sagt sie. »Du bist eine echte Kämpferin.«

Ich winke zwar ab, doch ihre Anerkennung tut mit gut. Auch wenn ich weiß, dass ihr Kommentar Ausdruck einer gewissen Rollenaufteilung in unserer Familie ist: Fast immer bin ich diejenige, die für die Dinge kämpft, die wir als Familie brauchen. Diese Rolle hat mir meine Mutter schon sehr früh zugewiesen. Als unser Vater noch bei uns wohnte, war stets ich dafür zuständig, ihn in seine Schranken zu weisen. Ich denke, aus dieser schwierigen Zeit rührt auch meine Unfähigkeit, Ungerechtigkeiten zu tolerieren. In meiner Jugend habe ich viel zu viele erleben müssen, so viele, dass es mir für den Rest meines Lebens wirklich reicht.

Wir kommen ursprünglich aus einer ländlichen Gegend im Westen Kenias und gehören zum Stamm der Luga. Diese Ethnie hat nicht den Ruf, besonders kämpferisch zu sein. Die Luga gelten eher als naiv, weil sie sich von den weißen Kolonialisten durch Glasperlen und Spiegel beeindrucken ließen, anstatt sie zu bekriegen. Das nehmen uns die anderen Volksgruppen Kenias bis heute übel. Deshalb sagen sie uns nach, wir seien die geborenen Diener und Hausangestellten, da wir nie aufmuckten. Selbstverständlich glaube ich nicht an solche Pauschalurteile, aber falls daran doch etwas wahr sein sollte, bin ich wohl keine typische Luga-Frau: Dafür sage ich viel zu offen meine Meinung; selbst wenn ich damit Konfrontationen heraufbeschwöre, kann ich einfach meine Klappe nicht halten.

Meine Mutter war das genaue Gegenteil. Sie stammt aus einem kleinen Dorf namens Ellikongo, wo meine Großeltern von der Landwirtschaft lebten. Sie besaßen sieben Kühe, ein paar Hühner und etwas Land, auf dem sie Erdnüsse anbauten. In ihrem Gehöft gab es weder Elektrizität noch fließend Wasser, das gibt es dort bis heute nicht. Wenn ich die Schulferien dort verbrachte, musste ich wie die anderen Mädchen das Wasser von einem Brunnen holen. Mit unseren Eimern auf dem Kopf gingen wir jeden Morgen und jeden Abend rund einen Kilometer weit zu Fuß zum Brunnen. In dieser traditionellen Welt gehört das Wasserholen zu den Aufgaben der Mädchen, von denen außerdem erwartet wird, dass sie heiraten und viele Kinder bekommen. Auch meine Mutter sah es nach ihrer Heirat als ihre wichtigste Pflicht an, sich um das Wohlergehen ihres Mannes und das von uns Kindern zu kümmern. Dabei war meine Mutter weit mehr als eine gewöhnliche Frau aus einem kleinen Dorf: Als erstes Mitglied ihrer Familie hatte sie eine höhere Schule besucht und sogar an einer Universität studiert. Danach lehrte sie Englisch und Literatur an einer Sekundarschule, wo sie es später bis zur Schuldirektorin brachte.

Auch mein Vater, der aus einem Dorf namens Kidinye in derselben Gegend stammt, war Lehrer. Er unterrichtete Biologie. Aber im Gegensatz zu meiner Mutter hat er es nie geschafft, einen höheren Posten in der Schulhierarchie zu erreichen. Irgendwann hörte er sogar ganz auf zu arbeiten.

Während meiner Schulzeit, die wir in Madira verbrachten, lebten wir in einem steinernen Haus auf dem Schulhof. Das Leben dort war ganz anders als bei meinen Großeltern: Wir hatten sowohl fließendes Wasser als auch Elektrizität und einen Telefonanschluss. All diese Annehmlichkeiten hatten wir der Stellung meiner Mutter als Direktorin zu verdanken. Mein Vater hingegen hatte zu dieser Zeit kein eigenes Einkommen mehr, er lebte auf ihre Kosten.

Dieses Ungleichgewicht war Gift für die Beziehung meiner Eltern. Mein Vater konnte es nicht akzeptieren, dass meine Mutter beruflich eine höhere Stellung innehatte als er. Hinzu kam sein über Charakter: Er war aggressiv und gewalttätig, vor allem, wenn er getrunken hatte. Doch sein schlimmster Charakterzug war seine krankhafte Eifersucht. Er neidete meiner Mutter alles, was sie in ihrem Leben erreicht hatte: ihren Beruf, ihre Stellung, ihr Geld, ihre Beziehungen zu anderen Menschen. Wäre es nach ihm gegangen, hätte sie den ganzen Tag nur damit verbracht, sich um ihn zu kümmern. Aber dann wären wir wohl alle gemeinsam verhungert.

Da die Dinge nun einmal so waren, wie sie waren, ließ mein Vater keine Gelegenheit aus, meine Mutter daran zu erinnern, wer der Chef im Haus war. Als sie einmal von ihrem Geld ein Auto für uns kaufte, kränkte ihn das so sehr, dass er ihr sofort die Schlüssel wegnahm. Der rote Kia stand kaum zwei Stunden vor unserem Haus. Dann fuhr mein Vater damit davon – und wir sahen den Wagen nie wieder. Vermutlich hat er ihn verhökert. Mein Vater brauchte immer Geld, weil er trank. Außerdem bezahlte er Frauen für Sex. Manchmal brachte er seine Huren sogar zu uns nach Hause.

Das alles diente der Demonstration seiner Macht. Es ging darum, meiner Mutter zu zeigen: Sieh her, ich kann all das einfach tun, weil ich ein Mann bin. Dein Beruf und dein Geld nützen dir nichts, denn ich bin der Chef, ich bestimme, und du kannst daran nichts ändern. Sie konnte es tatsächlich nicht ändern: Meine Mutter war gefangen in den Traditionen und ihrer Erziehung, die verlangte, sich ihrem Ehemann unter allen Umständen unterzuordnen. Auch wenn ihr Verstand ihr klar sagte, dass dieser Mensch gemein und gefährlich war.

Mein Vater erniedrigte meine Mutter auch öffentlich. Am liebsten vor der versammelten Lehrer- und Schülerschaft. Einmal, am Erntedankfest, hielt sie im Schulhof eine Zeremonie ab: Jede Schulklasse entsandte eine Abordnung, die Erntegaben zu einer hölzernen Bühne brachte und sie dort ablegte. Meine Mutter stand auf der Bühne, um das Obst und das Gemüse in Empfang zu nehmen und der jeweiligen Gruppe ihren Dank auszusprechen. So war sie gewissermaßen die Hauptfigur der Veranstaltung. Mit ihrem weißen Kleid sah sie an diesem Tag sehr schön und würdevoll aus. Aber mein Vater konnte es nicht ertragen, dass sie derart im Rampenlicht stand. Schon kurz nach dem Beginn der Zeremonie stürmte er zu ihr auf die Bühne und versuchte, sie von dort herunterzuzerren. »Du bist meine Frau. Komm gefälligst deinen Pflichten nach und koch für mich, ich habe Hunger«, verlangte er. Da ich in der ersten Reihe stand, konnte ich seine Worte sehr gut verstehen. Ich wäre am liebsten im Boden versunken. Meine Mutter sah ihn nur vollkommen entsetzt an, machte aber keine Anstalten, ihm zu folgen. Da verpasste er ihr eine schallende Ohrfeige. Danach leistete sie keinen Widerstand mehr. Vielleicht fürchtete sie, er würde sonst noch zorniger werden. Mein Vater wäre durchaus imstande gewesen, sie vor den ganzen Leuten zu verprügeln. Das hatte er auch bei anderen Gelegenheiten schon getan.

Meine Mutter tat mir unendlich leid. In den Taschen meiner Schuluniform ballte ich die Fäuste: So sollte niemand mit ihr umgehen. Auch wenn sie mir stets gesagt hatte, dass ich meinem Vater mit Respekt zu begegnen hätte, verlor ich in diesem Moment sämtliche Achtung vor ihm. Ich war nur noch voller Hass.

Wie konnte er ihr das antun? Und wie sollte ich ihn ehren, wenn er dasselbe nicht mit ihr tat?

Seit diesem Vorfall wollte ich meine Mutter immer beschützen, wenn er gewalttätig wurde. Uns Kindern tat er in der Regel nichts zuleide. Aber sie verprügelte er oft. Wenn er nachts in betrunkenem Zustand auf sie losging, flohen wir Kinder und sie in den Schlafsaal der Schule, in dem die Mädchen übernachteten, die aus weit entlegenen Dörfern stammten. Man konnte die Tür von innen abschließen. Natürlich war es unangenehm, wenn mein Vater von außen mit den Fäusten gegen die Tür donnerte und verlangte, dass wir ihm aufmachen sollten. Vielen der Mädchen, die jäh aus dem Schlaf gerissen wurden, jagten seine Auftritte auch Angst ein. Aber ich blieb ganz ruhig; ich kannte dieses Theater ja schon und war mir sicher, dass die Tür standhalten würde.

Für meine Mutter war es sehr viel schwerer. Ihr Angst einzuflößen, und sei es Angst um ihre Kinder, war das Hauptanliegen meines Vaters. Denn solange sich meine Mutter vor ihm fürchtete, konnte er Kontrolle über sie ausüben, seine Macht demonstrieren. Er wollte sie klein halten, um sich selbst größer zu fühlen. Um sein Regime des Schreckens aufrechtzuerhalten, wurde er immer brutaler. Einmal, als er sich wieder aus irgendeinem nichtigen Grund über meine Mutter geärgert hatte, griff er sich das Küchenmesser und stürmte damit zum Hühnerstall hinter dem Haus. Er schnappte sich ein Huhn, das sich wehrte und mit den Flügeln schlug und hieb ihm mit dem Messer den Kopf ab, dass das Blut nur so spritzte. »Siehst du, was ich mit diesem Huhn gemacht habe?«, herrschte er meine Mutter an. »Genauso werde ich es auch mit dir machen!«

Meine Mutter wurde ganz fahl im Gesicht, als sie ihn so mit dem Messer in der einen und dem toten Huhn in der anderen Hand sah. Das war eine neue Dimension der Gewalt. Aber ihre Hauptsorge galt uns Kindern, wir hatten die Szene beobachtet und starrten nun wie gelähmt vor Schreck auf die beiden. »Was steht ihr hier herum?«, fauchte sie uns an. »Geht sofort ins Haus!«

Ich rührte mich nicht vom Fleck. Wäre mein Vater imstande, seine Drohung wahrzumachen? Würde er ihr wirklich etwas antun? »Ich gehe nirgendwohin«, erklärte ich und stellte mich demonstrativ vor meine Mutter. »Ich gehe erst ins Haus, wenn Vater das Messer aus der Hand legt.«

Ich muss wohl kaum erwähnen, dass mein Vater nach solchen Aktionen nicht gut auf mich zu sprechen war. Er verfluchte mich und prophezeite mir, dass ich genauso enden würde wie meine Mutter, in einer ebenso schlechten Ehe. Falls ich überhaupt je einen Mann finden sollte. Denn ein Mädchen mit einem so losen Mundwerk, wie ich eines hätte, wolle bestimmt kein Mensch haben; ich würde allein und kinderlos bleiben … und so weiter und so weiter.

Mich kümmerten seine Tiraden nicht. Sollte er schimpfen, das tat wenigstens niemandem weh. Was er mit meiner Mutter tat, war mir hingegen alles andere als egal: Ich wollte nicht, dass sie so litt. Immer mehr schlüpfte ich daher in die Rolle der Beschützerin. Wenn mein Vater sie beschimpfte, gab ich Widerworte. Wenn er auf sie losging, stellte ich mich zwischen die beiden. Nie zeigte ich ihm meine Furcht, denn sie hätte ihm Macht über mich verliehen – diesen Zusammenhang durchschaute ich schnell. Je verängstigter meine Mutter agierte, desto stärker trat ich auf.

Als ich zwölf Jahre alt war und gerade mit der achten Klasse begonnen hatte, fasste meine Mutter den Entschluss, meinen Vater zu verlassen. Diese Entscheidung war ihr unglaublich schwergefallen. Denn nach ihrem moralischen Kompass gab es für eine Frau überhaupt keine andere Möglichkeit, als bei dem Mann zu bleiben, mit dem sie verheiratet war. Sowohl ihre Familie als auch die Kirche waren sich in diesem Punkt sehr einig: Bis dass der Tod euch scheidet, egal, was bis dahin passiert ist. Aber meine Mutter wusste, wie prekär ihre Situation daheim war – und um sie besser ertragen zu können, sprach sie manchmal mit dem Schulpsychologen, der gerufen wurde, wenn es einem der Schüler sehr schlecht ging. Und der warnte sie eindringlich: Mein Vater litt an einer morbiden Form von Eifersucht und sei in der Lage, sie zu töten, wenn sie sich ihm nicht entzöge. »Denken Sie an Ihre Kinder«, redete er ihr ins Gewissen. »Wollen Sie die etwa mit Ihrem Mann alleine lassen?«

Ich war erschüttert, als sie mir eines Abends, als wir vor unserem Haus hockten, von diesem Gespräch erzählte. Ausnahmsweise schlug keiner mit den Türen oder schrie herum, da mein Vater ausgegangen war. »Der Psychologe hat recht«, bestärkte ich sie, nachdem ich eine Weile nachgedacht hatte. Meine Mutter nickte traurig: Auch sie hatte verstanden, dass es keine andere Möglichkeit mehr gab, als sich dem Zugriff meines Vaters zu entziehen.

»Wirst du mir helfen?«, bat sie mich leise. Ich versprach es. Und so schmiedeten wir einen Plan.

Gemeinsam überlegten wir, wann der beste Zeitpunkt wäre, um meinem Vater mitzuteilen, dass er das Haus verlassen müsste. Meine Mutter fand, dass es in den Schulferien sein sollte. So müsste sie nicht mit blauen Flecken vor ihre Schulklasse treten, falls er gewalttätig wurde. Außerdem könnte sie meine Geschwister vorher zu meinen Großeltern schicken.

Je näher der Zeitpunkt rückte, desto nervöser wurde sie. Wir übten die Worte, die sie ihm sagen wollte – und ich sah, wie sie dabei zitterte. An dem Tag, an dem wir seine Sachen packten, war sie völlig außer sich: Immer wenn sie ein Kleidungsstück von ihm in den Händen hielt, kamen ihr unwillkürlich die Tränen. »Es ist eine Sünde, den Ehemann zu verstoßen«, murmelte sie unentwegt vor sich hin. Ich beobachtete sie mit großer Sorge: Würde sie es überhaupt schaffen?

»Es ist die richtige Entscheidung«, versuchte ich, meiner Mutter Mut zu machen, während ich die Hosen und Hemden meines Vaters zusammenfaltete und in eine große Reisetasche steckte.

Als wir fertig waren, stellten wir die Tasche in den Hof und verschlossen sämtliche Türen und Fenster. Dann warteten wir darauf, dass mein Vater wiederkommen würde. Irgendwann vernahmen wir das Quietschen des Schultores. Durch das Fenster beobachteten wir, wie er auf das Haus zukam. Er schwankte beim Gehen, hatte offenbar getrunken. Als er die Tasche sah, stutzte er verblüfft.

»Was soll das?«, brüllte er und rüttelte am Knauf der verriegelten Tür. Ich öffnete das Fenster.

Jetzt wäre eigentlich der Zeitpunkt gewesen, an dem meine Mutter ihn hätte auffordern müssen zu gehen. Aber sie war mit den Nerven völlig am Ende. Deshalb übernahm ich das Sprechen: »Wir haben deine Sachen gepackt. Bitte nimm sie und geh.«

»Bist du verrückt? Was fällt dir ein?«

»Es geht uns besser, wenn du nicht mehr bei uns lebst.«

Nach diesen Worten bekam er einen Tobsuchtsanfall. »Du ungezogene Göre!«, schrie er und versuchte, die Tür einzutreten. »Glaubst du etwa, du kannst so mit deinem eigenen Vater umspringen?«

Aber ich blieb ruhig, stand stoisch am Fenster und wartete ab, bis er sich verausgabt hatte. Dann sagte ich noch einmal: »Du kannst hier nicht länger leben, es ist für alle besser so.«

Mein Vater starrte mich wütend an. Nach einer Weile wandte er sich zum Gehen, hielt plötzlich aber inne. »Rück gefälligst mein Radio raus«, verlangte er.

Das Radio gehörte tatsächlich ihm, im Gegensatz zu allen anderen Gegenständen in unserm Haus. Also holte ich es. Meine Mutter beobachtete mich unruhig, während ich damit in Richtung Tür ging. War das ein Trick? Würde er versuchen, auf diese

Weise ins Haus zu gelangen? Blitzschnell riss ich die Tür auf, stellte das Radio hinaus und zog sie, bevor er irgendetwas unternehmen konnte, wieder zu.

»Jetzt kannst du gehen!«, rief ich von innen.

Mein Vater stopfte das Radio wütend zu seinen anderen Sachen in die Tasche. »Ich verfluche dich«, sagte er ganz laut. »Genauso wie du mir jetzt meine Sachen vor die Tür stellst, soll dein künftiger Ehemann deine Sachen eines Tages rausschmeißen. Er soll dich vor die Tür setzen. Hoffentlich erinnerst du dich dann an meine Worte, Phyllis!«

»Ich werde ohnehin niemals heiraten«, schleuderte ich ihm trotzig entgegen, »dieses Leben interessiert mich überhaupt nicht!« Und das meinte ich auch so: Die Ehe meiner Eltern war die Hölle gewesen, warum sollte ich so etwas für mich anstreben? Sein Fluch konnte mir gar nichts anhaben!

Meine Mutter dagegen war völlig entsetzt. »Wie kannst du nur deine eigene Tochter verfluchen? Nimm das zurück!«, flehte sie meinen Vater durch die Tür an. Durch das Fenster sah ich, wie er zufrieden grinste und davonging. Wieder einmal hatte er es geschafft, sie zu verletzen, ihr Angst einzujagen. Es sollte nicht sein letzter Triumph über sie sein.

Die Macht von Flüchen wird in Afrika sehr ernst genommen. Deshalb wollte meine Mutter unbedingt erreichen, dass mein Vater seine Worte zurücknahm. Sie ließ ihm ihre Bitte durch Freunde ausrichten und suchte ihn schließlich sogar mehrmals selbst auf. Sie bettelte und flehte, was mir sehr gegen den Strich ging. Doch er weigerte sich konsequent, den Fluch zurückzunehmen. Also beschloss sie, meinen Großvater, den Vater meines Vaters, aufzusuchen. An einem Wochenende fuhren wir gemeinsam in sein Dorf und trugen ihm unser Anliegen vor. Denn auch er hätte die Macht dazu gehabt, den Fluch zu bannen. Aber er sah uns nur voller Verachtung an und erklärte freimütig: »Ein Mädchen, das seinen Vater vor die Tür setzt, verdient nichts anderes.«

Was meine Mutter und ich getan hatten, war für die gesamte Familie – auch die mütterlicherseits – völlig inakzeptabel. In unserer Kultur ist es nämlich so, dass eine Frau, wenn ihr Mann das Brautgeld für sie gezahlt hat, zu dessen Eigentum wird. Es ist so, als hätte er sie gekauft. Wenn sie ihn verlässt, ist das vergleichbar mit Diebstahl.

Meine Mutter sollte dieser unerhörte Schritt für den Rest ihres Lebens stigmatisieren. Aber zunächst lief es ganz gut ohne meinen Vater. Zumindest herrschte jetzt Ruhe im Haus: Es gab keine Demütigungen und keine Gewaltexzesse mehr. Auch finanziell kamen wir ohne ihn besser klar, da weniger Geld für Alkohol draufging. Und in der Schule fiel auf, dass meine Mutter jetzt ohne die üblichen blauen Flecken zum Unterricht kam. Klar redete man hinter vorgehaltener Hand über sie. Aber keiner fragte die Direktorin offen, wo denn eigentlich ihr Mann abgeblieben sei.

In unserer Kirche nahm man die Sache dagegen nicht einfach so hin: Der Pfarrer suchte mehrfach das Gespräch mit meiner Mutter. Er belehrte sie über das Sakrament der Ehe und erinnerte sie, dass es eine große Sünde war, diesen Schwur zu missachten. Erst als mein Vater irgendwann mit einer anderen, weitaus jüngeren Frau mit Baby-Bauch in der Kirche auftauchte, fand sich der Pfarrer zähneknirschend damit ab, dass es für meine Eltern kein Zurück gab.

So lebten wir einige Jahre in Ruhe. Mein ältester Bruder George ging inzwischen aufs College. Meine Mutter war sehr stolz, dass er einen Platz an einer angesehenen Uni in Nairobi ergattert hatte. Ich selbst machte gerade meinen Schulabschluss und hatte mir vorgenommen, Jura zu studieren, allerdings nicht sofort nach der letzten Prüfung. Den Sommer über wollte ich mich etwas ausruhen und meiner Mutter im Haushalt helfen.

Eines Nachmittags, als sie sich nach dem Unterricht auf der Couch ein wenig erholte, fuhr sie plötzlich hoch und fragte mich unvermittelt: »Ist denn dein Vater heute überhaupt nicht nach Hause gekommen?«

Ich sah sie irritiert an. »Was meinst du damit, Mama?«

»Er sollte doch längst hier sein, oder?«

»Nein, warum denn?« Wie kam sie darauf? »Er lebt doch nicht mehr bei uns.«

»Was soll das heißen, er lebt nicht mehr bei uns?«

Hatte meine Mutter den Verstand verloren? »Er hat uns bereits vor Jahren verlassen«, antwortete ich.

Sie lachte, als hätte ich einen Scherz gemacht. »Davon wüsste ich aber! Ich werde mal nach draußen zum Tor gehen und schauen, ob ich ihn schon sehen kann.«

»Lieber nicht, Mama!« Ich wollte nicht, dass andere ihren Zustand bemerkten. Sonst hieß es noch, sie sei irre. »Warte besser hier im Haus auf ihn.«

Sie ließ sich überzeugen, schaute aber dauernd aus dem Fenster und sagte: »Er wird sicher bald nach Hause kommen.«

Meine Geschwister und ich waren völlig überfordert mit der Situation: Offenbar war unsere Mutter verwirrt. Ihr Gedächtnis hatte sie auf rätselhafte Weise in die Vergangenheit katapultiert, als hätten die vergangenen Jahre ohne ihren Mann, ohne unseren Vater nicht stattgefunden. Ich versuchte, ihre Erinnerung aufzufrischen, indem ich ihr die Geschichte erzählte, wie wir ihn damals gemeinsam aus dem Haus verbannt hatten. Aber meine Mutter wollte nichts davon hören. »Er ist doch mein Ehemann!«, empörte sie sich. »Welche Frau würde denn ihren Mann vor die Tür setzen?«

Da wurde mir klar, dass sie ihn in ihrem Herzen nie wirklich verlassen hatte. In ihrem tiefsten Inneren war sie noch immer das junge Mädchen, das mit großen Illusionen und den allerbesten Vorsätzen in die Ehe gegangen war. Alles, was er ihr später angetan hatte – und auch die Tatsache, dass er schon lange nicht mehr bei uns wohnte –, war in ihrer Erinnerung plötzlich wie ausgelöscht.

Dieser Zustand hielt bis tief in die Nacht an. Meine Mutter weigerte sich, ins Bett zu gehen, überzeugt, dass mein Vater noch auftauchen würde. Sie hielt sogar einen Teil des Abendessens für ihn warm. »Was wäre ich denn für eine Ehefrau, wenn ich nicht auf ihn warten würde?«, fragte sie immer wieder.

Erst gegen zwei Uhr nachts konnte ich sie überzeugen, sich schlafen zu legen. »Er ist bestimmt aufgehalten worden«, sagte ich. Ich hatte es aufgegeben, gegen ihre Vorstellungen anzukämpfen. »Du wirst sehen: Wenn du morgen aufwachst, liegt er neben dir.«

Sie schlief bis zum nächsten Morgen durch. Um neun Uhr wachte sie auf und rief ganz erschrocken: »Um Himmels willen, ich habe verschlafen! Warum hat mich keiner geweckt?«

»Dir ging es gestern Abend nicht gut, Mama«, sagte ich und sah sie forschend an. Sie wirkte völlig normal. »Weißt du noch?«

»Was soll ich wissen? Ich werde zu spät zum Gemeindetreffen kommen. Gehst du bitte Gemüse kaufen?« Kein Wort mehr von meinem Vater, meine Mutter war wieder ganz die Alte und lebte wieder in der Gegenwart. Meine Geschwister und ich waren sehr erleichtert.

Doch dieser Zustand blieb nicht lange erhalten. Denn nach diesem ersten Aussetzer ging es stetig mit ihr bergab. Zunächst bemerkte ich es kaum, der Prozess verlief schleichend. Immer öfter klagte meine Mutter über Kopfschmerzen, vergaß Dinge. Seit mein Vater nicht mehr bei uns wohnte, war sie immer mal wieder ein wenig depressiv gewesen, aber nun wurde das zum Dauerzustand. Sie verlor auch zunehmend den Appetit. Wenn wir gemeinsam unsere Mahlzeiten einnahmen, stocherte sie lustlos im Essen herum und bekam kaum nennenswerte Mengen herunter. Dadurch wurde sie körperlich immer schwächer. Man konnte förmlich dabei zusehen, wie ihre Energie von Tag zu Tag weniger wurde, wie jede Bewegung sie anstrengte. Deswegen verbrachte sie immer mehr Zeit im Sitzen oder im Liegen. Sie achtete nicht mehr darauf, was sie anzog, ob ihre Haare frisiert oder ihre Kleider gewaschen waren. Und sie las keine Bücher mehr. Da war nur noch diese immense Traurigkeit, die sie von innen heraus verschlang.

Meine anfängliche Hoffnung, dass ihr Erinnerungsverlust eine einmalige Episode gewesen war, erwies sich als Trugschluss: Die Phasen, in denen meine Mutter in die Vergangenheit abtauchte, kamen wieder – und sie kamen immer öfter. Und einzig in diesen Phasen, in denen sie glaubte, dass mein Vater noch bei uns wohnte, wirkte sie ausgeglichen und zufrieden. Ich stand ihrem Realitätsverlust deshalb sehr zwiespältig gegenüber: Auf der einen Seite war ich froh, wenn meine Mutter aufblühte. Auf der anderen Seite wusste ich, dass sie auf dem besten Weg war, ihren Verstand zu verlieren. Das machte mir große Angst. Wenn sie in der Gegenwart und ansprechbar war, redete ich ihr ins Gewissen. »Iss etwas! Was soll denn aus uns werden, wenn du schlappmachst. Du musst dich zusammenreißen, Mama!«

»Ich bin mir sicher, dass du gut auf deine Geschwister achtgeben wirst, Phyllis«, sagte sie sanft.

Mir schossen die Tränen in die Augen. »So darfst du nicht reden!« Ich wollte glauben, dass sie nur durch eine schwierige Phase ging. Aber solche Kommentare zeigten mit, dass sie innerlich bereits mit ihrem Leben abgeschlossen hatte.

»Ich mache mir keine Sorgen um euch, weil ich weiß, wie stark du bist. Versprichst du mir, dass du auf die beiden Kleinen aufpasst?«

Ich nickte hilflos. Zugleich war ich unglaublich wütend. Wie konnte es sein, dass mein Vater, der meiner Mutter bereits so viel Leid angetan hatte, sie nun auch noch im Nachhinein, als Phantom, zerstörte? Die idealisierte Erinnerung an ihn saß wie ein Tumor in ihrem Kopf.

Mit der Zeit verschlechterte sich ihr Zustand so sehr, dass sie kaum mehr unterrichten konnte. Die anderen Lehrer beriefen eine Konferenz ein und forderten sie auf, ihren Posten als Direktorin aufzugeben. Sie widersprach nicht und räumte kampflos das Feld. Ohne jede Aufgabe ging es weiter bergab mit meiner Mutter, die nun die meiste Zeit in ihrem Bett verbrachte. Ich versuchte sie, so gut es ging, zu versorgen. Meine beiden jüngeren Geschwister hatte ich zu unserer Großmutter geschickt: Sie sollten nicht zusehen, wie unsere Mutter langsam dahinsiechte. Manchmal kam einer ihrer Kollegen, um zu fragen, wie es ihr ging. Dann behauptete ich, sie erhole sich langsam, schlafe aber gerade, weshalb ein Besuch leider nicht möglich sei. Ich wollte nicht, dass man sich in der Schule das Maul zerriss. Je weniger sie dort über ihren Geisteszustand wussten, desto besser.

Ich hoffte zwar, dass sie irgendwann wieder gesund werden würde. Aber es gab keinerlei Anzeichen, ob, und wenn ja, wann dies der Fall sein würde. Deshalb lebte ich nur von Tag zu Tag, vollauf beschäftigt mit der Bewältigung unseres Alltags. Meine eigenen Zukunftspläne hatte ich hintangestellt.

Um meine Mutter aufzuheitern, lud ich manchmal, wenn es ihr etwas besser ging, den Pfarrer zu uns ein oder andere Mitglieder der Kirchengemeinde, die für sie beteten und sangen. Zumindest kurzfristig verbesserte sich dadurch ihre Stimmung. Aber kaum waren der Gesang und die Gebete verstummt, fiel sie wieder in ihre Apathie zurück. Nicht einmal mehr die Religion, die für sie stets so wichtig gewesen war, konnte ihr nun noch Halt bieten.

Eines Nachmittags, als die Gemeindemitglieder gerade gegangen waren, wollte ich Tee für meine Mutter zubereiten. Ich achtete stets penibel darauf, dass sie nicht dehydrierte. Außerdem mixte ich ihr immer ordentlich Zucker in den Tee, damit sie auf diese Weise auch ein paar Kalorien zu sich nahm. In der Küche musste ich jedoch feststellen, dass unsere Zuckervorräte erschöpft waren. »Mama, ich geh kurz in den Laden«, sagte ich zu ihr. »Ich muss Zucker besorgen und bin gleich wieder da.«

»Ja, mach das«, hauchte sie kraftlos.

»Bis später«, sagte ich und gab ihr einen Kuss auf die Stirn. Ich hatte das Gefühl, mich beeilen zu müssen, es ging ihr offensichtlich nicht gut. Die Augen seltsam glasig, der Atem flach, aber eine ordentliche Tasse Tee würde ihr hoffentlich wieder etwas Energie geben. Doch als ich mit meinem Einkaufskorb aus dem Haus trat, lief ich geradewegs einer Kollegin meiner Mutter in die Finger. »Ah, Phyllis!«, rief sie. »Gehst du einkaufen? Könntest du mir etwas mitbringen?«

»Klar«, antwortete ich zähneknirschend. Die Lehrerin erklärte mir umständlich, dass sie Batterien in einer bestimmten Größe brauchte. Wenn der Elektroladen sie nicht führe, solle ich einen Straßenverkäufer an der Hauptstraße danach fragen. Ich nickte geistesabwesend, während ich das Geld dafür in Empfang nahm.

Nachdem ich ein Kilo Zucker gekauft hatte, suchte ich eine halbe Ewigkeit nach den Batterien. Einer der Händler bot mir schließlich an, sie zu besorgen, wenn ich kurz wartete. Doch ich lehnte ab: Irgendetwas sagte mir, dass ich schon zu viel Zeit verschwendet hatte. Als ich das Schultor passierte, erfasste mich ein mulmiges Gefühl, eine böse Vorahnung. Ich stürmte zum Haus und rief schon von Weitem: »Ich bin wieder da, Mama!« Es kam keine Antwort. Vielleicht war sie wieder eingeschlafen? »Ich mach dir gleich deinen Tee!«, verkündete ich und trat an ihr Bett.

Im ersten Moment dachte ich wirklich, sie würde schlafen. Aber dann bemerkte ich, dass ihre Augen offen standen und ins Leere starrten.

»Mama?«, fragte ich unsicher. »Mama, so sag doch etwas!«

Ich berührte ihre Hand und zuckte zurück. Sie war kalt, die Haut wächsern. Da verstand ich endlich: Meine Mutter war gegangen, nur ihr Körper lag noch da.

* * *

Wie ich die nächsten Stunden und Tage überstand, weiß ich nicht mehr. Ich war außer mir, alles in mir war nur noch Schmerz: Meine Mutter war tot!

Sie hatte sich zu Tode gehungert. Mir diese Tatsache einzugestehen war nicht leicht. Denn es bedeutete, dass sie ihr Ende zumindest zum Teil absichtlich herbeigeführt hatte. Das Gefühl der Schuld, weil sie ihre Pflichten als Frau nicht erfüllt hatte, muss für sie so stark gewesen sein, dass sie sich selbst danach kein glückliches Weiterleben zugestand. Sie war lediglich noch ein paar Jahre für uns Kinder da gewesen. Aber jetzt waren wir fast erwachsen, weshalb sie gehen konnte. Letzten Endes hatte ihr gewalttätiger Ehemann doch noch über sie triumphiert.

In der Zeit nach ihrem Tod funktionierte ich nur noch. Ich tat all das, was getan werden musste. Zuerst fuhr ich zu meinen Großeltern, um sie und meine Geschwister darüber zu informieren, was geschehen war. Natürlich hatten alle gewusst, dass es Mutter nicht gut ging, dass sie viel zu wenig aß und sehr dünn geworden war. Aber ihren Tod konnten sie genauso wenig fassen wie ich. Wir standen alle unter Schock.

Trotzdem mussten wir das Begräbnis organisieren. Mit dem Bus fuhr ich nach Kidinye, zur Familie meines Vaters. Da ich den Großvater seit seiner Weigerung, den Fluch zurückzunehmen, nicht mehr gesehen hatte, war er ziemlich erstaunt, mich plötzlich vor seiner Haustür vorzufinden. Ich glaube, er erkannte mich im ersten Moment gar nicht. »Phyllis«, sagte er schließlich, »du bist groß geworden.«

»Mutter ist tot.« Ich wartete auf eine Reaktion, aber es kam keine: Großvater äußerte kein Bedauern und fragte auch nicht nach, woran sie gestorben war.

»Ach«, sagte er nur.

»Ich bin gekommen, um mit dir über ihr Begräbnis zu sprechen.«

Mein Großvater wusste, was das bedeutete: Die Tradition verlangte es, dass Mutter auf seinem Hof bestattet wurde. Doch er erklärte ohne Umschweife: »Hier bei uns ist sie nicht willkommen.« Er hatte meiner Mutter und mir nicht verziehen. Nicht einmal angesichts ihres Todes war er dazu bereit.

»Aber sie *muss* hier begraben werden«, insistierte ich. Jeder andere Ort würde weitere Schmach über meine Mutter bringen.

»Nein. Sie hat diesen Platz nicht verdient. Sie war keine gute Ehefrau. Wenn sie zu uns gehören wollte, hätte sie sich das zu Lebzeiten überlegen müssen. Kennst du nicht das Sprichwort: ›Jeder Mensch begräbt sich selbst‹?«

Dieses geflügelte Wort fasst sehr gut zusammen, wie wir in Kenia über eine Beerdigung denken: Sie wird als Ausdruck der Lebensleistung eines Menschen angesehen. So als würde man nach dem Abschluss eines Menschenlebens Bilanz ziehen und das Ergebnis würdigen – oder eben nicht. Ein bescheidenes Begräbnis bedeutet die Herabwürdigung einer Person. Und ihr den Ort für die Bestattung zu verwehren – etwas Schlimmeres ist eigentlich kaum vorstellbar. Es war die ultimative Rache meines Großvaters für die Demütigung, die meine Mutter seinem Sohn und damit auch ihm durch die Trennung zugefügt hat.

Ich brachte vor lauter Entsetzen keinen Ton mehr heraus. Ohne ein Wort des Abschieds drehte ich mich um und ging. Erst als ich an der Bushaltestelle stand, erlaubte ich mir zu weinen und konnte fast die gesamte Rückfahrt nicht damit aufhören. Was sollten wir jetzt mit der Leiche meiner Mutter tun? Dass ihre Schwiegereltern ihr die letzte Ruhestätte verweigerten, war eine Schande für die gesamte Familie.

Es gab nur noch eine Option: Meine Mutter musste auf dem Grundstück ihres eigenen Vaters begraben werden. Aber auch das war nicht einfach so möglich, da eine so ungewöhnliche Maßnahme das Einverständnis des Dorfältesten voraussetzte. Und der zeigte sich gar nicht angetan, als mein Großvater bei ihm vorfühlte. »Sie gehört nicht mehr nach Ellikongo, sondern nach Kidinye«, musste mein Großvater sich anhören. »Wenn eine verheiratete Frau im Haus ihres Vaters begraben wird, bringt das Unglück.«

Sämtliches Bitten meines Großvaters war nutzlos: Der Dorfchef verweigerte seine Zustimmung. Ich war am Rande der Verzweiflung, weil ich unmittelbar nach dem Verlust meiner geliebten Mutter all diese Schikanen miterleben musste. Warum zeigte sich dieser Mann nur so unbarmherzig gegenüber einer Frau, deren einziges »Verbrechen« darin bestanden hatte, ihren gewalttätigen Ehemann zu verlassen? Es war mir unbegreiflich.

Nach langen Diskussionen fanden wir schließlich einen Kompromiss: Wir würden meine Mutter genau auf der Grenze zum Grundstück meiner Großeltern begraben. Aber, das hatte der Dorfchef klargemacht, eine Prozession durch das Dorf würde es nicht geben. »Dann nehmen wir eben einen anderen Weg, der daran vorbeiführt. Über den Fluss zum Beispiel«, schlug ich meinem Großvater vor.

Und so machten wir es. Am nächsten Morgen beauftragten wir einen Fahrer, den Leichnam meiner Mutter aus Madira zu holen. Ungefähr einen Kilometer vor Ellikongo nahmen wir den Sarg entgegen. Meine Brüder George und Silas sowie einige Cousins trugen ihn in Richtung Dorf – aber nicht zur Hauptstraße, sondern über die Felder bis zum Fluss, den wir überqueren mussten, um uns dann von hinten dem Grundstück meines Großvaters zu nähern. Wir begruben sie direkt an der Umzäunung – und dokumentierten ihre »Schande« auf diese Weise für alle Zeit.

Für mich war das alles unerträglich: eine himmelschreiende Ungerechtigkeit gegenüber einer Frau, die bereits zu Lebzeiten nichts als Ungerechtigkeiten zu ertragen hatte. Ich betete zu Gott, dass er ihr dort, wo sie nun war, mehr Gerechtigkeit zukommen ließ. Aber heimlich schwor ich mir, darüber hinaus selbst dafür zu sorgen: Irgendwann würde ich sie aus ihrem Grab holen und ihr eine ehrenwerte Bestattung ermöglichen.

* * *

Sämtlicher Besitz meiner Mutter ging an meinen Vater, und der gab uns Kindern keinen Cent davon ab. So standen wir zusätzlich zu dem Verlust und den Demütigungen plötzlich auch noch völlig mittellos da. Mein Großvater mütterlicherseits rief deshalb einen Familienrat ein. Dieser beschloss, uns vier in alle Winde zu zerstreuen: Meine beiden jüngeren Geschwister Silas und Susan blieben bei unseren Verwandten in der Gegend, um die Schule zu beenden. Mein älterer Bruder George ging zurück nach Nairobi, um seinen College-Abschluss zu machen. Und ich selbst blieb zunächst in Ellinkongo, um meiner Großmutter im Haushalt zu helfen. Die Pflege meiner Mutter hatte mich so in Beschlag genommen, dass ich mein ursprüngliches Ziel, Jura zu studieren, nicht weiterverfolgt hatte. Und nun war aus finanziellen Gründen ohnehin nicht mehr daran zu denken.

Eines Tages kam Tante Esther aus Nairobi zu Besuch. Sie sagte, sie würde mir helfen, einen Job in der Hauptstadt zu finden. Ich könne bei ihr wohnen und mir mit dem Geld mein Studium finanzieren. Da ich das Landleben satthatte und Esther gerne mochte, hätte ich ihr Angebot nur allzu gerne angenommen. Aber mein Großvater war dagegen: Wenn ich schon wegwollte, sollte ich zu Tante Omoche nach Mombasa ziehen. Sie war jünger als Esther und noch Single. Ob sie überhaupt bereit war, mich in ihrer kleinen Wohnung aufzunehmen – und ob ich das wollte –, danach fragte niemand. Die Entscheidung wurde einfach so über unsere Köpfe hinweg gefällt.

Wenig später zog ich also nach Mombasa. Das Leben in der Großstadt war zunächst sehr ungewohnt für mich. Das begann bereits bei den Haushaltsgeräten in Omoches Wohnung. Eine

Mikrowelle, einen elektrischen Staubsauger oder einen automatischen Wasserkocher hatte ich noch nie in meinem Leben gesehen. Und auch die Tatsache, dass man Lebensmittel im Supermarkt kaufte, wo alles ungefähr doppelt so viel kostete wie auf dem Markt, war mir neu. Vor allem aber irritierte mich die Lebensweise der Menschen. Sie hatten viel weniger Kontakt zueinander, als ich es von zu Hause gewohnt war: Omoche kannte ihre Nachbarn kaum und sprach mit ihnen nur, wenn es einen handfesten Grund dafür gab. Ansonsten lebte jeder für sich. Mich erstaunte auch, wie meine Tante sich hier kleidete: Sie trug figurbetonte Blusen und Röcke, die so kurz waren, dass sie sich in Ellikongo damit keinesfalls auf die Straße gewagt hätte. »Das ist völlig in Ordnung«, belehrte sie mich. »Du wirst dich bald daran gewöhnen.«

Weil Omoche gerade einen neuen Job angefangen hatte und zudem schrecklich verliebt war, musste ich zusehen, wie ich zurechtkam. Oft war sie tagelang nicht da, weil sie jede freie Minute mit ihrer neuen Flamme verbrachte. Weil ich ihr nicht unnötig auf der Tasche liegen wollte, brauchte ich dringend einen Job. Da Mombasa auch für Touristen ein Ziel ist, sah ich in diesem Bereich die größten Chancen. Ich fragte in einem Hotel in Strandnähe nach und dachte zunächst an eine Tätigkeit als Küchenhilfe. Der Manager musterte mich von oben bis unten. »Du siehst gut aus«, befand er. »Hast du Erfahrung in Animation?«

»Nein.« Ich hatte dieses Wort noch nie gehört.

»Das macht nichts. Die anderen Mädchen werden es dir schon zeigen.«

So kam es, dass ich mit null Erfahrung einen Job als Animateurin annahm. Ich hielt die internationalen Hotelgäste mit Spielchen, Sport und Gymnastik bei Laune – und mit meinem Gequatsche. Bei dieser Gelegenheit entdeckte ich, dass ich sehr gut reden kann: Die Leute hörten mir gerne zu und ließen sich von meiner Energie mitreißen, wenn ich sie aufforderte, diese oder jene Bewegung zu machen.

Die Arbeit im Hotel verschaffte mir finanzielle Unabhängigkeit. Schon bald konnte ich mir ein eigenes Zimmer leisten und musste meiner Tante nicht weiter auf die Nerven gehen. Das Beste aber war, dass der Job mir genug Zeit zum Studieren ließ. Für ein Jurastudium reichten meine Einkünfte zwar nicht, da die Gebühren für dieses Fach recht hoch sind. Aber immerhin konnte ich mich für den Studiengang Business-Management einschreiben.

Als ich vier Jahre später meinen Abschluss machte, kam ich sofort bei einer Import-Export-Firma unter. Ich war sehr stolz, dass ich das erreicht hatte. Vor allem, weil ich nun endlich in der Lage war, das Versprechen zu erfüllen, das mir meine Mutter vor ihrem Tod abverlangt hatte: mich um meine jüngeren Geschwister zu kümmern.

Ich war stets per Telefon mit ihnen in Kontakt geblieben. Mein Bruder Silas ging noch immer in die Schule, meine Schwester Susan hatte inzwischen ihren Abschluss gemacht. Seitdem arbeitete sie bei einem unserer Cousins als eine Art Hausmädchen und war sehr unglücklich darüber. Kaum hatte ich meine erste Gehaltszahlung in der Tasche, schickte ich Susan Geld für ein Busticket und lud sie ein, zu mir nach Mombasa zu ziehen. Wir teilten uns mein Zimmer, und sie begann ein Studium, das ich bezahlte. Später, als Silas mit der Schule fertig war, kam auch er zu uns nach Mombasa. Dass wir nun zu dritt in meinem kleinen Zimmer hausten, machte uns überhaupt nichts aus. Wir waren glücklich, uns endlich wiederzuhaben.

Da mir bewusst war, dass meine jüngeren Geschwister noch eine ganze Weile meine finanzielle Unterstützung brauchten, konzentrierte ich mich ganz darauf, Geld zu verdienen. George, der inzwischen als Ingenieur arbeitete, hatte ihnen zwar auch eine Zeit lang unter die Arme gegriffen. Aber dann hatte er eine Frau kennengelernt und war von einem auf den anderen Tag aus unserem Leben verschwunden, sodass ich die gesamte finanzielle Last wieder alleine tragen musste. Das war völlig in Ordnung für mich. Wenn ich den beiden die Mutter schon emotional nicht ersetzen konnte, so konnte ich wenigstens ihre Rolle als Ernährerin der Familie übernehmen.

✳ ✳ ✳

Irgendwann, als meine Schwester bereits ausgezogen war und ich nur noch mit Silas zusammenlebte, wurde ich schwanger. Ich erzähle das absichtlich so unvermittelt, weil es auch für mich völlig überraschend und ungeplant kam. Natürlich lernte ich immer mal wieder Männer kennen und hatte auch den einen oder anderen Boyfriend, aber nie etwas Ernstes. Vielleicht ließ ich das nicht zu, weil ich immer die schlechte Ehe meiner Eltern als abschreckendes Beispiel vor Augen hatte.

Zuletzt hatte ich mich mit einem Sänger getroffen, ein wirklich süßer Typ und der Schwarm aller Frauen. Wir hatten viel Spaß, aber wie gesagt: keine Zukunftspläne. Tja, und nun das.

Ganz spontan freute ich mich, als ich zu Hause im Bad den zweiten roten Streifen auf dem Schwangerschaftstest entdeckte: Na klar, ich würde also ein Baby bekommen, dachte ich. Warum denn nicht? Ein süßes kleines Baby … Ungefähr eine halbe Sekunde später löste Panik die Freude ab. So ein Baby würde mein Leben ganz schön durcheinanderschütteln. Würde ich nach der Geburt weiterarbeiten und genug Geld verdienen können, um Silas' Studium zu finanzieren? Und was würde mein Freund zu dieser Nachricht sagen? Würde ich mit ihm zusammenziehen, würden wir das Kind gemeinsam großziehen?

Instinktiv misstraute ich dieser Vorstellung: Er war zwar ein attraktiver Mann, aber auch ein Draufgänger, der gerne Spaß hatte. Er war vom Typ her – wie soll ich sagen? – zu sehr wie mein Vater: wenig verantwortungsbewusst. Und natürlich klang mir in diesem Moment auch wieder dessen Fluch in den Ohren:

»Dein Ehemann soll dich vor die Tür setzen. Hoffentlich erinnerst du dich dann am meine Worte.«

»Deine Worte haben keine Macht über mich«, hielt ich meinem Vater im Geist entgegen. Aber es nutzte nichts: Die Angst, verlassen zu werden, war in mir, das musste ich mir eingestehen.

»Silas!«, rief ich aus dem Bad heraus. »Silas?!«

Mein Bruder kam sofort zu mir geeilt. »Was ist denn los?«, erkundigte er sich besorgt, als ich ihn in der Badezimmertür empfing. Ich zeigte ihm den Test.

»Ich bin schwanger!«

Silas machte ein völlig überraschtes Gesicht und sagte – nichts. Vermutlich wusste er nicht, was ich von ihm erwartete: Gratulation oder Bedauern. Beides wäre möglich gewesen. »Von dem Typen, mit dem du neuerdings ausgehst?«, stammelte er schließlich.

Ich nickte.

»Weiß er schon davon?«

Ich schüttelte den Kopf. »Nein, du bist der Erste.«

Ich konnte förmlich sehen, wie ihm tausend Gedanken durch den Kopf schossen. »Willst du es behalten?«, fragte er.

»Ich glaube schon. Was meinst du?«

»Ich? Tja. Ich meine, dass wir das schon irgendwie hinbekommen«, sagte Silas. »Mach dir keine Sorgen, Schwester: Das schaffen wir.« Ich umarmte ihn fest.

Silas und ich schlossen einen Pakt: Ich versprach ihm, dass ich auf jeden Fall weiterarbeiten würde, um ihm das Studium weiterhin zu ermöglichen. Und er würde mir im Gegenzug mit dem Baby helfen, wann immer es nötig wäre.

Nach diesem Gespräch fühlte ich mich gewappnet, auch meinem Lover die Neuigkeit mitzuteilen. Es war an einem Sonntag. Wir saßen in seinem Auto und wollten zu einer Bar am Strand fahren, um seine Freunde zu treffen. Ich war etwas nervös, weil ich nicht einschätzen konnte, wie er auf meine Nachricht reagieren würde. Aber es musste ja sein. Also fasste ich mir ein Herz und berichtete ihm von dem Test, den ich gemacht hatte – und von dem Ergebnis.

Wie ich vermutet hatte, war er ziemlich überfordert. »Das ging aber schnell, Phyllis«, sagte er und umklammerte das Lenkrad so fest, dass die Knöchel weiß hervortraten. »Ob das auch das Richtige für uns ist? Du weißt ja: Ich bin mit der Band ziemlich eingebunden.«

»Ich verlange nichts von dir. Du musst mir auch keinen Heiratsantrag machen«, versicherte ich eilig.

»Du musst das verstehen: Im Leben eines Künstlers hat die Kunst immer oberste Priorität.«

»Ich würde das auch überhaupt nicht wollen, mit dir zusammenzuleben«, behauptete ich. »Es reicht, wenn wir Freunde sind.«

»Ach, so ist das. Ja, dann.« Damit war das Thema Schwangerschaft zunächst beendet. Wenig später parkten wir vor der Strandbar, wo wir den Nachmittag mit den anderen Bandmitgliedern und ein paar Fans verbrachten. Schon an diesem Nachmittag war ich mir sicher, dass meine Entscheidung, mich nicht enger an ihn zu binden, die richtige gewesen war. Wir trafen uns zwar noch eine Weile, hauptsächlich an den Wochenenden. Aber als mein Bauch dicker wurde, verlor er sexuell das Interesse an mir. Immer öfter erwischte ich ihn, wie er auch in meinem Beisein mit anderen Mädchen flirtete. Da die Schwangerschaft mich müde machte, ging ich manchmal früher nach Hause. Sicher lief da auch was mit den Groupies, wenn ich nicht mehr da war.

Im achten Monat konnte ich mich nur noch mit Mühe bewegen. Alles strengte mich fürchterlich an. Und mein Bauch war so dick und rund, dass ich glaubte, er müsse bald platzen. Da erklärte mir mein Freund eines Tages am Telefon, dass er eine andere Frau kennengelernt habe. Er machte also Schluss mit mir, ließ mich sitzen. Was soll ich sagen? Es tat weh. Aber es kam nicht wirklich überraschend, er war eben so ein Typ. Deshalb war ich ein Stück weit auch erleichtert, dass wir die Verhältnisse geklärt hatten. Ich würde die Partnerschaft mit ihm abhaken, mich nicht fester an ihn binden, und der Fluch meines Vaters würde sich nicht bewahrheiten. In meinem Leben gab es keinen Mann, der so viel Macht über mich besaß wie er damals über meine Mutter.

Nein, ich würde nicht traurig sein. Schließlich begann jetzt ein spannender neuer Lebensabschnitt für mich, und ich wollte mich ganz auf die Geburt und auf mein Kind konzentrieren.

KAPITEL 4

Zurück im Slum

»Mama, wann gehen wir zu Karisa?«, fragt mich King.

Er sitzt auf seinem Krankenlager, und ich bin gerade dabei, ihm warme Milch einzuflößen. Überrascht lasse ich das Fläschchen sinken. King ist immer noch schwach, aber er hat in den vergangenen Wochen einige Fortschritte gemacht. Anscheinend kehren doch langsam wieder einige seiner Lebensgeister zurück.

»Vermisst du ihn denn?«

»Ja, sehr.« King gesteht mir, dass er jede Nacht an seinen Freund Karisa denkt. Er will unbedingt in die Metal Refinery und mit ihm spielen.

»Weißt du, das ist schwierig, King. Mami arbeitet nicht mehr dort«, sage ich und suche nach einer kindgerechten Erklärung dafür, warum wir das Firmengelände nicht mehr betreten werden. Aber mir will keine einfallen. »Vielleicht können wir Karisa ja mal woanders sehen – oder ihn zu uns einladen.«

»Au ja!«, freut sich King.

Ich hatte das eigentlich nur so dahingesagt, weil ich mich freute, dass mein Kind allmählich wieder Interesse an der Außenwelt entwickelt. Aber ich habe die Wirkung meiner Worte unterschätzt. Nun hat der Junge kein anderes Thema mehr: Ständig fragt King mich, wann er Karisa sehen könne, ob der nicht bald zu uns komme. Ich antworte jedes Mal, dass das nicht so schnell geht, dass ich zuerst mit ihm sprechen müsse. Dabei habe ich in Wahrheit noch nicht einmal seine Telefonnummer!

Irgendwann wird mir klar, dass ich aus dieser Nummer nicht mehr herauskomme. Kings Drängen entfaltet eine solche Dynamik, dass ich den Entschluss fasse, nach Owino Uhuru zu fahren, sobald Silas Zeit hat, sich ein paar Stunden um den Jungen zu kümmern.

Seit ich den Slum zum letzten Mal betreten habe, sind mehrere Wochen vergangen. In dieser Zeit war ich so sehr mit Kings Pflege beschäftigt, dass ich kaum an etwas anderes denken konnte. Aber jetzt, als ich mich mit dem Bus der Siedlung auf dem Hügel nähere, frage ich mich, wie es den Leuten hier inzwischen gehen mag. Was ist aus Anastasia und den anderen Frauen und vor allem aus ihren Kindern geworden?

Die Luft, die mir entgegenschlägt, als ich aus dem Bus steige, verheißt nichts Gutes: Owino Uhuru ist mittlerweile auch tagsüber in eine diesige Wolke gehüllt. Unverkennbar hat sich die Situation hier noch einmal erheblich verschlechtert. Spontan beschließe ich, zuerst Pastorin Anastasia zu besuchen und mich erst danach auf den Weg zu Karisa zu machen.

Anastasia sitzt mit zwei Frauen auf einer Bank vor ihrem Haus. »Hallo, Phyllis!«, begrüßt sie mich. »Schön, dich wiederzusehen!« Ihr Blick verrät mir, dass sie erstaunt über meinen Besuch ist. Die Frauen rücken zusammen, damit ich mich zu ihnen setzen kann. Anastasia erkundigt sich, wie es mir und vor allem King geht. Ich erzähle ihr, dass ich in den vergangenen Wochen alle möglichen Behandlungsmethoden ausprobiert habe und sich sein Zustand etwas stabilisiert hat.

»Das sind gute Nachrichten«, freut sie sich. »Und was führt dich heute zu uns?«

»King hat Sehnsucht nach dem Wachmann von der Metal Refinery, er redet von nichts anderem mehr.«

»Nach Karisa?« Anastasia lacht und verrät mir, dass Karisa ihr Neffe ist und mit seiner Familie in derselben Straße wohnt. »Aber jetzt ist er sicher noch in der Arbeit, er schiebt im Moment Doppelschichten«, erklärt sie. Karisa arbeite Tag und Nacht, weil er bald heiraten wolle. Ein Mädchen aus der Nachbarschaft sei schwanger von ihm.

»Na, dann ist er wohl ziemlich beschäftigt …« Nicht die besten Voraussetzungen, ihn von einem Besuch bei uns zu überzeugen.

Anastasia ist meine enttäuschte Miene nicht entgangen. »Warum hast du King denn nicht mitgebracht?«, fragt sie. »Es wäre doch viel einfacher, wenn ihr Karisa hier besucht.«

Ich seufze. Etwas umständlich erzähle ich von meinem unrühmlichen Abgang in der Metal Refinery und davon, dass ich dort quasi Hausverbot habe. Auch das Schweigegelübde, das mir Manan Shah aufgebrummt hat, lass ich nicht unerwähnt.

»Er hat dir verboten, mit uns zu sprechen?«, fragt Anastasia erstaunt.

»Ja. Er hat mir vorgeworfen, euch aufzuhetzen. Die Firmenleitung hat offenbar große Sorge, dass ihr versteht, wie schädlich die Anlage für euch ist.«

Die Frauen sehen sich an. »Dass sie gefährlich ist, glaube ich gerne«, sagt die jüngere der beiden mit kräftiger Stimme. Sie trägt ein leuchtend rotes Tuch um den Kopf und macht einen resoluten Eindruck. Ich schätze sie auf Mitte zwanzig. Sie erzählt, dass es oben an der Außenmauer des Werks eine undichte Stelle gebe, aus der Flüssigkeit dringe. Diese fließe durch die gesamte Siedlung nach unten in Richtung Fluss, wobei sie sich an bestimmten Stellen zusammen mit dem Regenwasser zu übel riechenden Pfützen staue. Eine dieser Pfützen befände sich direkt am Hühnerstall hinter ihrem Haus. »Stellt euch vor, was ich dort beobachtet habe«, berichtet sie. »Als eines unserer Hühner von dem Wasser trinken wollte, ist es umgefallen. Einfach so.

Könnt ihr euch das vorstellen? Es war auf der Stelle tot, und wir haben uns nicht einmal getraut, es zu essen.«

»Das war vermutlich eine weise Entscheidung«, sage ich. »Das Tier muss etwas von dieser ätzenden Säure erwischt haben, die aus den alten Batterien stammt.«

»Aber das geht doch nicht!«, empört sich Anastasia. »Wenn hier schon die Hühner tot umfallen, was wird dann mit unseren Kindern passieren, wenn sie in die Nähe von so einer Pfütze kommen?« Die Frauen richten besorgte Blicke zu einer Gruppe Kinder, die auf der Straße Fangen spielen. Ich erkenne Anastasias Sohn Basil unter ihnen, die Frau mit dem roten Tuch, Catherine, deutet auf ihren vierjährigen Sami, ein dritter Junge heiße Moses, er sei der Sohn ihrer Nachbarin.

»Die Kinder müssen noch nicht einmal in die Nähe der Pfützen kommen«, sage ich mit gedämpfter Stimme. »Es reicht völlig, wenn sie hier auf der Straße spielen – oder auch nur die Luft einatmen. Durch die Abgase der Metal Refinery ist hier mittlerweile *alles* verseucht.«

»Ist das der wahre Grund, warum du deinen Sohn nicht mitgebracht hast?«, fragt mich Anastasia.

Ich fühle mich ertappt. »Ja«, gestehe ich – und komme mir vor wie eine Verräterin. »Ich hatte Angst davor, ihn nach Owino Uhuru zu bringen. Ihr könnt euch nicht vorstellen, was ich in den vergangenen Monaten mit ihm erlebt habe. Ich war kurz davor, ihn zu verlieren. Und ich möchte eigentlich verhindern, dass euch dasselbe passiert!«

Die Frauen schweigen nachdenklich. »Phyllis hat recht«, sagt Anastasia irgendwann. »Bei Basil sind die Symptome mittlerweile unübersehbar. Und auch andere Kinder haben diesen merkwürdigen Ausschlag. Wir müssen dringend etwas unternehmen.«

»Ihr könntet euch im Namen der Mütter von Owino Uhuru bei den Behörden beschweren«, schlage ich vor. »Zuständig ist für solche Fälle die Umweltbehörde NEMA; sie vergibt die Lizenzen.«

»Wenn sie der Metal Refinery eine Lizenz erteilt hat, steht sie wohl kaum auf unserer Seite«, wendet Anastasia ein.

»Kann sein. Aber vielleicht war die NEMA auch nicht richtig informiert. Es kann nicht schaden, sie darüber in Kenntnis zu setzen, wie sehr sich die Lebensqualität in Owino Uhuru seit der Inbetriebnahme der Schmelze verschlechtert hat. Außerdem könntet ihr euch beim Gesundheitsministerium darüber beschweren, dass die Emissionen aus dem Werk eure Kinder krank machen.«

»Braucht man nicht handfeste Beweise, wenn man so etwas behauptet?«, fragt Catherine.

»Das wäre natürlich gut.« Zu dumm, dass ich keine Kopie von Owitis Bericht ausgedruckt habe, den könnten wir jetzt gut gebrauchen. Ich überlege, welche Optionen es sonst noch gibt. »Ihr könntet das Ministerium auffordern, Experten mit einer Untersuchung zu beauftragen. Oder …« In diesem Moment kommt mir eine Idee: Am effektivsten ließe sich die Gesundheitsgefahr natürlich nachweisen, indem man das Blut der Kinder von Owino Uhuru auf seinen Bleigehalt testete. Wie und wo das gemacht wird, weiß ich ja nun aus eigener Erfahrung. Allerdings kostet das Verfahren 50 Dollar und ist damit für die Slumbewohner unerschwinglich.

»… oder wir fahren zweigleisig«, höre ich mich sagen. »Wir fordern vom Ministerium eine Untersuchung. Und gleichzeitig werden wir selbst aktiv. Ich habe noch ein wenig Geld übrig, mit dem wir das Blut von drei Kindern aus Owino Uhuru auf seinen Bleigehalt testen lassen können. Wenn die Tests so ausfallen wie bei King, haben wir einen weiteren Beleg für die Gefahren, die von der Schmelze ausgehen.«

Die Frauen sind sprachlos. »Du willst dein Geld dafür ausgeben, dass wir unsere Kinder untersuchen lassen können?«, fragt Anastasia, als wolle sie sichergehen, dass sie mein Angebot auch richtig verstanden hat.

»Ja, genau das will ich tun. Wer von euch ist interessiert?«

»Das ist unglaublich großzügig und sehr hilfsbereit von dir, Phyllis«, sagt die Pastorin, »Ich würde Basils Blut sehr gerne untersuchen lassen.«

Auch Catherine nimmt mein Angebot an, ebenso die Mutter von Moses, nachdem Anastasia ihr kurz den Sachverhalt erläutert hat.

* * *

»Mama, wo warst du?«, fragt mich King, als ich nach Hause komme. Aber ich verrate ihm nicht, dass ich mich auf die Suche nach seinem Freund begeben habe. Ich will erst einmal abwarten, ob Karisa meine Einladung auch annimmt. Selbst wenn Anastasia mir fest versprochen hat, ihm auszurichten, dass King sich sehr darüber freuen würde, ist mir klar, dass es eine Weile dauern kann, bis er die Zeit für einen Krankenbesuch bei uns findet.

In den nächsten Tagen formuliere ich zusammen mit meinen Mitstreiterinnen aus Owino Uhuru Briefe an diverse Behörden: Wir beschweren uns bei der NEMA, beim Gesundheitsministerium, beim Bürgermeisteramt und bei dem Abgeordneten, der Mombasa im Parlament vertritt. Außerdem schicken wir die Blutproben von Basil, Sami und Moses zur Untersuchung nach Südafrika.

Als die Ergebnisse da sind, hole ich sie im Labor ab und bringe sie nach Owino Uhuru, um sie den Müttern der Kinder zu zeigen. Wir treffen uns bei Anastasia. Ihr Sohn Basil hat die auffälligsten Werte: 24 Milligramm Blei pro Deziliter Blut. Das ist zwar weniger als damals bei King, aber trotzdem 24 Mal höher als der Normalwert. Auch die Werte der beiden anderen Kinder liegen um ein Vielfaches über dem von der Weltgesundheitsorganisation herausgegebenen Richtwert: Anastasias Nachbarjunge Moses hat 17 Milligramm pro Deziliter im Blut, Catherines Sohn Sami zwölf Milligramm pro Deziliter.

Die Mütter sind sehr besorgt. »Was bedeutet das jetzt?«, fragt die Mutter von Moses. Auch ihr Junge leidet unter dem merkwürdigen Ausschlag.

»Das bedeutet, dass die Metal Refinery uns vergiftet«, konstatiert Anastasia. »Die Ergebnisse beweisen das eindeutig: Wenn unsere drei Kinder diese Mengen an Blei im Blut haben, wird es bei den anderen in der Siedlung genauso aussehen. Bestimmt sind auch die Männer davon betroffen. Diese Angelegenheit geht ganz Owino Uhuru etwas an!«

Ich nicke. »Die Lage ist ernst«, sage ich zu den Frauen. »Die Kinder können an der Vergiftung sterben. Auch die Erwachsenen erkranken, aber bei ihnen geht der Prozess nicht ganz so schnell.«

Immer mehr Frauen finden sich rund um Anastasias Haus ein, um unserem Gespräch zu lauschen und mitzudiskutieren. »Aber was können wir denn tun?«, fragt Catherine. »Die Behörden antworten ja noch nicht mal auf unsere Briefe!«

Das stimmt allerdings. Wir haben noch keine einzige Antwort erhalten, es scheint, als würden die Behörden uns einfach ignorieren. »Vielleicht macht es mehr Eindruck, wenn wir persönlich vorsprechen«, schlägt Catherine vor.

Ja, das macht Sinn, denke ich: Eine reale Person kann man schwerer ignorieren als eine E-Mail oder ein Blatt Papier. Und wenn diese Person auch noch eine Mutter mit einem kranken Kind ist ... »Das könnte funktionieren!«, sage ich. »Einen Versuch ist es jedenfalls wert.«

Die Frauen sind begeistert von der Idee. Und furchtbar aufgeregt. Die meisten von ihnen waren in ihrem ganzen Leben noch nicht auf einer Behörde: Da die Slumbewohner ihre

Behausungen illegal bewohnen, machen sie normalerweise einen großen Bogen um die Verwaltung. Die meisten besitzen nicht einmal einen Pass und sind auch nirgendwo offiziell registriert.

Ich erkläre ihnen, welche Behörde wofür zuständig ist. »Die NEMA muss sich darum kümmern, dass die Umweltgesetze eingehalten werden. Bevor die Beamten einer Firma eine Lizenz ausstellen, müssen sie sich davon überzeugen, dass die Produktion nicht schädlich für die Umwelt ist«, sage ich. »Aber offenbar ist da im Fall der Metal Refinery etwas schiefgelaufen: Ihr müsst unbedingt darauf hinweisen, dass vor der Eröffnung des Werks niemand eure Zustimmung eingeholt hat.« Außerdem schärfe ich ihnen ein, an das Verantwortungsbewusstsein der Beamten zu appellieren. »Sie haben alle selbst Kinder, an die sie denken werden, wenn sie eure Kinder sehen. Sagt ihnen, dass sie sich versündigen, wenn sie euch und eure Kinder im Stich lassen!«

Dann ist der große Tag endlich gekommen. Die Frauen haben sich herausgeputzt wie für den Kirchgang, als wir uns früh am Morgen im Slum treffen. Da keine von ihnen Geld für den Bus hat, laufen wir zu Fuß ins Zentrum. Einige Frauen haben kleine Kinder an der Hand oder schleppen Säuglinge in Tragetüchern auf dem Rücken mit sich. Die Innenstadt liegt ungefähr zehn Kilometer entfernt von Owino Uhuru. Dort teilen wir uns in kleine Teams auf. Ich begleite die Frauen, die ins EPZ-Gebäude gehen.

Der Pförtner, der mich von früheren Besuchen her kennt, staunt nicht schlecht, als er mich in Begleitung von einem halben Dutzend Frauen und Kindern aus dem Slum sieht. Denn trotz der Sonntagskleider können sie ihre Herkunft kaum verbergen: Ein Blick auf die Füße genügt, um festzustellen, dass sie fast alle Gummi-Flipflops tragen. Wir verlangen, in die Lizenzabteilung vorgelassen zu werden. Erst nach einer längeren Diskussion erklärt sich der Pförtner einverstanden, und wir gehen in die Abteilung, in der auch Savanna arbeitet. Aber meine

Freundin tut so, als würde sie mich nicht kennen, und starrt konzentriert auf den Bildschirm ihres Computers. Ein Kollege von ihr wendet sich zu uns: »Womit kann ich den Damen helfen?«, erkundigt sich der Beamte, der ein strahlend weißes Hemd und eine Hose mit Bügelfalte trägt. Die Frauen starren ihn neugierig und verschüchtert zugleich an.

Catherine, die erneut ihr strahlend rotes Tuch trägt, fasst als Erste den Mut, unser Anliegen vorzutragen. »Wir, die Frauen von Owino Uhuru, sind gekommen, um uns darüber zu beschweren, dass die Betreiber der Metal Refinery sich nicht an die Gesetzgebung halten«, sagt sie, genauso wie wir es vorher einstudiert haben. »Es ist die Aufgabe Ihrer Behörde, das sicherzustellen.«

»Aber selbstverständlich«, sagt der Mann und lächelt sie freundlich an. »Darf ich fragen, was Sie bewegt, derart schwerwiegende Vorwürfe gegen das Unternehmen zu erheben?«

Die mutige junge Frau hält ihm die Ergebnisse unserer Blutuntersuchung hin. »Die Anlage macht unsere Kinder krank«, sagt sie. »Dieser Test zeigt, dass die Kinder von Owino Uhuru mit Blei vergiftet wurden. Auch mein eigenes Kind ist dabei. Da, sehen Sie?«

»Das tut mir natürlich leid.« Der Beamte betrachtet die Papiere genau. »Sie sprechen von insgesamt drei Kindern«, stellt er fest, »richtig?«

»Ja, untersucht haben wir nur drei Kinder, weil wir nicht mehr Geld hatten«, antwortet Catherine. »Doch das Problem betrifft natürlich alle Kinder, die in Owino Uhuru wohnen.«

»Hm.« Der Mann zieht die Brauen hoch. »Ich bin ehrlich gesagt kein Experte für gesundheitliche Belange. Aber ich werde die Tests gerne einem Fachmann zeigen. Und wenn wir alles geprüft haben, werden wir uns bei Ihnen melden. Einverstanden?«

»Einverstanden«, antwortet Catherine und wirft ihren Mitstreiterinnen einen triumphierenden Blick zu. »Das ist sehr freundlich von Ihnen.«

Der Beamte fertigt eine Kopie von den Tests an und komplimentiert uns dann zur Tür hinaus. Im Hinausgehen versuche ich vergeblich, ihm seine Durchwahl und seine E-Mail-Adresse zu entlocken. »Wann hören wir in etwa von Ihnen?«, frage ich zum Abschluss.

»Bald«, sagt er beruhigend. »Sie brauchen nichts weiter zu unternehmen. Sie hören von uns, sobald es Neuigkeiten gibt.«

Wir warten vergeblich auf eine Antwort. Weder die EPZ noch die anderen Behörden lassen von sich hören. Nach einiger Zeit traue ich mich, bei Savanna anzurufen, um sie zu fragen, ob sie mir etwas über die interne Diskussion in der EPZ verraten kann. Aber sie erteilt mir eine Abfuhr.

»Bitte halt mich da raus, Phyllis«, antwortet sie in ungewohnt scharfem Ton. Erst jetzt wird mir klar, dass ich sie mit meinem unerwarteten Auftauchen in ihrem Büro wohl ziemlich vor den Kopf gestoßen habe. Verdammt, ich hätte sie vorher anrufen und informieren sollen.

»Was willst du denn noch?«, stellt sie mich zur Rede. »Ich habe dir diesen Job besorgt – und es ist schiefgegangen, okay. Also habe ich dir geholfen, mit Herrn Too eine Abfindung zu erstreiten. Jetzt ist es wirklich genug.«

»Aber Savanna …«, entgegne ich und will gerade zu meiner Verteidigung ansetzen. Doch sie lässt mich überhaupt nicht zu Wort kommen.

»Mag ja sein, dass dir dein Ansehen in der EPZ mittlerweile egal ist. Aber ich habe durchaus einen Ruf zu verlieren!«

»Das verstehe ich ja«, antworte ich kleinlaut. »Hat es etwa Ärger gegeben?«

»Machst du Witze?« Sie stößt ein sarkastisches Lachen aus. »Wenn meine Kollegen wüssten, dass ich dich kenne, wäre ich vermutlich ebenfalls meinen Job los.«

Savanna bittet mich ausdrücklich, sie nicht mehr anzurufen. Ihre Worte sind wie eine Ohrfeige. Da habe ich mir wohl ein ziemliches Eigentor geschossen. Mit Savannas Hilfe werde ich jedenfalls in Zukunft keinen neuen Job bekommen – obwohl ich den gut gebrauchen könnte. Meine Abfindung ist so gut wie aufgebraucht. Mittlerweile gehe ich sogar gelegentlich putzen, um King und mich über Wasser zu halten und Silas' Studiengebühren weiter zu bezahlen.

Dass es nach unseren Behördenbesuchen hinter den Kulissen ziemlich gerappelt hat, zeigt uns noch ein weiteres Indiz, das vor allem meine Mitstreiterinnen zu spüren bekommen: Ihre Männer – vor allem diejenigen, die in der Metal Refinery arbeiten – sind plötzlich sehr wütend auf sie. »Etliche Frauen haben daheim Ärger bekommen«, berichtet mir Anastasia, als wir uns nach unserem Marsch zu den Behörden das nächste Mal bei ihr treffen. Anders als sonst lotst sich mich sofort in ihr Haus und verschließt sogar die Tür von innen. »Ihre Männer haben ihnen untersagt, an weiteren Protestaktionen teilzunehmen, und ihnen befohlen, Bescheid zu geben, falls wir etwas planen sollten.«

»Aber warum denn? Liegt ihnen das Wohl ihrer Kinder nicht ebenfalls am Herzen?« Es konnte ihnen doch nicht egal sein, wenn ihre Söhne erkrankten.

»Das schon. Aber sie bekommen wohl Druck in der Metal Refinery.«

Mit gesenkter Stimme berichtet mir Anastasia, dass Herr Shah vor Kurzem sämtliche Arbeiter im Hof hatte antreten lassen. »Er war wohl ziemlich wütend, vielleicht hat die Firma eine Rüge erhalten – genau weiß ich es nicht. Jedenfalls hat er den Arbeitern deswegen eine ordentliche Standpauke erteilt.«

»Und was hat er ihnen vorgeworfen?«

»Dass sie ihre Frauen nicht im Griff haben.«

Ich muss mich zurückhalten, um nicht laut zu lachen. Aber Anastasia macht ein ernstes Gesicht.

»Er hat ihnen gedroht, dass sie alle ihre Jobs verlieren würden, wenn sie ihre Frauen nicht zur Vernunft brächten.«

Das ist harter Tobak, gerade in einer Gesellschaft wie der unseren, wo die Rollen klar verteilt sind. Kein Wunder, dass Anastasia so angespannt ist. Der Metal Refinery ist es gelungen, die Männer gegen die Frauen aufzuwiegeln, Gesundheit gegen Arbeit auszuspielen.

»Du musst aufpassen, Phyllis«, warnt mich die Pastorin. »Dich haben sie besonders auf dem Kieker.«

»Die Männer?«

»Ja. Insbesondere unser Dorfältester Alfred Ogolla.« Ich weiß genau, wen sie meint: den Mann mit dem zerfurchten Gesicht und der Adlernase, mit dem ich bereits vor den Toren der Metal Refinery diskutiert habe. »Er hat einen Brief an verschiedene Behörden geschickt. Darin stellt er klar, dass nur er das Recht hat, für die Einwohner von Owino Uhuru zu sprechen – warte, ich habe eine Kopie hier.« Sie kramt in einer Kiste und zieht einen zerknitterten Computerausdruck hervor.

»Als Dorfältester möchte ich betonen, dass die Einwohner von Owino Uhuru sehr zufrieden mit der Metal Refinery sind. Wir haben keinerlei Einwände gegen das Werk«, liest Anastasia das Schreiben vor. Sie sieht mich an. »Für die Machenschaften einer gewissen Phyllis Omido, die einige Frauen von Owino Uhuru dazu angestiftet hat, sich über die Anlage zu beschweren, möchten wir uns ausdrücklich entschuldigen. Frau Omido ist aufgrund der Erkrankung ihres Sohnes offenbar verrückt geworden. Sie besitzt keinerlei Autorität, für die Einwohner von Owino Uhuru zu sprechen.«

Anastasia faltet das Blatt zusammen und lässt es erneut in ihrer Kiste verschwinden. »Ogolla will dir sogar verbieten, den Ort zu betreten«, sagt sie. »Ich glaube, er hat Instruktionen von Hesron Awiti erhalten. Du weißt schon, von dem Politiker, dem das Land hier gehört.«

Ich nicke. Vor Awiti, dem Miteigentümer der Metal Refinery, zittern die Leute hier, weil sie befürchten, er könne die Siedlung inklusive ihrer kleinen Häuschen eines Tages einfach räumen lassen. Dann stünden sie vor dem Nichts. Ich kann verstehen, dass sie sich mit einer so mächtigen Person nicht anlegen wollen. Trotzdem verletzt mich die Illoyalität der Männer. Da tue ich alles, um die Leute hier davor zu bewahren, dass ihnen dasselbe Schicksal wie King widerfährt, und ernte dafür keinen Funken Dankbarkeit, denke ich bitter. Im Gegenteil: Ich werde auch noch diffamiert, weil ich mich für sie engagiere. Dabei könnte es mir ja völlig egal sein, ob sie und ihre Kinder erkranken. Ich sollte mich wohl besser um mein eigenes Leben kümmern. »Nimm es mir nicht übel«, sage ich zu Anastasia. »Aber jetzt reicht es mir: Ihr werdet mich hier nicht mehr sehen.« Frustriert stapfe ich von dannen.

* * *

In der Folgezeit halte mich von Owino Uhuru fern. Ich habe genug anderes zu tun: Kings Pflege beansprucht sehr viel Zeit, außerdem muss ich nach einem neuen Job Ausschau halten. Da mir die Jobbörse EPZ aufgrund meines Aktivismus bis auf Weiteres versperrt ist, nehme ich kurzfristig einen Babysitting-Job bei einer reichen arabischen Familie an: Jeden Nachmittag hole ich deren zwei Kinder von der Schule ab und mache Hausaufgaben mit ihnen.

Manchmal denke ich an die Frauen und Kinder von Owino Uhuru und frage mich, wie es ihnen wohl geht. Ich hoffe sehr, dass die Metal Refinery jetzt etwas vorsichtiger agiert und dass wir mit unseren Briefen und Beschwerden das Schlimmste für die Menschen dort verhindern konnten. Aber sicher bin ich mir nicht.

King jedenfalls geht es mit jedem Tag, den er sich nicht mehr in diesem toxischen Umfeld befindet, etwas besser. Der Junge ist zwar noch schwach, aber er macht Schritte in die richtige

Richtung. Das Einzige, was mich bedrückt, ist die Tatsache, dass es mir nicht gelungen ist, ein Treffen mit seinem geliebten Karisa für ihn zu arrangieren. Offenbar ist der Wachmann zu eingebunden, um zu uns zu kommen.

Weil King trotz allem nicht lockerlässt und immer wieder nach Karisa fragt, überlege ich, ob ich nicht doch mit King nach Owino Uhuru fahren sollte. Ich könnte Anastasia fragen, wann Karisa Dienstschluss hat, und mit dem Jungen zu dieser Uhrzeit bei ihm zu Hause auf ihn warten. Eine Stunde in der kontaminierten Luft wird King schon nicht umbringen.

An einem der nächsten Abende setze ich meinen Plan in die Tat um. Kurz bevor ich mit King in den Bus nach Owino Uhuru steige, rufe ich Anastasia an, um mich zu vergewissern, dass der Wachmann auch wirklich zu Hause ist. Sie geht nicht an ihr Handy. Wir fahren dennoch los. In Owino Uhuru angekommen, nehme ich King auf den Arm, weil ich nicht möchte, dass er über den womöglich bleibelasteten Boden läuft.

Als ich durch die Gassen in Richtung Karisas Haus gehe, merke ich gleich, dass irgendetwas merkwürdig ist. Die Stimmung ist anders als sonst. Die Menschen wirken aufgewühlt. In der Straße, in der Karisa wohnt, ist besonders viel los; ich vernehme Trillerpfeifen und lautes Weinen. Und plötzlich weiß ich, was passiert ist. Irgendjemand ist gestorben!

»Was ist denn los?«, frage ich eine junge Frau mit Baby-Bauch, die ihr Haar zu vielen kleinen Zöpfchen geflochten hat, die von bunten Gummibändern zusammengehalten werden. Sie ist eine der vielen Trauergäste, die die Straße okkupieren. Aber sie ist unfähig, mir zu antworten, und weint nur.

Dann entdecke ich auch Anastasia, die völlig verheult ist. »Oh, du hast den kleinen King mitgebracht«, schluchzt sie, »und jetzt ist es zu spät.«

»Was ist zu spät? Wovon redest du?«

»Hast du es denn noch nicht gehört?«

Langsam lasse ich mich von der allgemeinen Panik anstecken. »Nein, was denn um Himmels willen? So sag es mir doch endlich!«

»Karisa ist …« Sie wirft einen Blick auf King in meinem Arm und unterbricht sich.

»Nein!«

»Wo ist Karisa?«, will der Junge jetzt wissen.

»Er ist heute Abend nicht hier«, sagt Anastasia, der es mit Mühe gelingt, sich zusammenzureißen. »Er ist zu seiner Familie gereist.«

»Oh, das ist aber schade, dann können wir ihn heute gar nicht besuchen, King«, sage ich zu meinem Sohn. »Dann fahren wir jetzt lieber nach Hause.«

»Warum weinen alle, Mama?«

»Aber sie weinen doch gar nicht«, behauptet Anastasia.

»Doch, sie weinen«, beharrt King und starrt auf das Auto, das direkt vor Karisas Haus parkt. Gebannt sieht er zu, wie ein paar Männer eine lange Kiste aus Holz vom Haus zum Wagen tragen. Sie hieven die Kiste auf das Dach des Wagens und befestigen sie dort mit Gurten, während die Frauen auf der Straße immer lauter trillern und heulen. Unweit von uns bricht die Frau mit den vielen Zöpfen zusammen.

Das alles läuft wie ein Film vor mir ab. Viel zu spät schaffe ich es, mich loszureißen und King von diesem schrecklichen Ort wegzubringen. Als wir wieder zu Hause sind, ist er völlig aufgewühlt. Erst nachdem ich ihm allerhand fadenscheinige Erklärungen für das Gesehene geliefert habe, beruhigt er sich halbwegs und schläft erschöpft ein.

Ich nutze die Gelegenheit, um Anastasia anzurufen. »Was um Himmels willen ist passiert?«, frage ich sie. »Wie ist Karisa gestorben?«

»Er ist heute Nachmittag während der Arbeit einfach umgekippt. Wir sind alle noch vollkommen schockiert.«

»Das kann doch nicht sein! Gab es denn keine Anzeichen dafür, dass er krank war?«

»Nein. Nur das Übliche: tränende Augen und der Husten, unter dem wir hier alle leiden.«

»Hatte er Fieber?«

»Nein, nicht dass ich wüsste. Kein Mensch hat gemerkt, dass mit ihm etwas nicht in Ordnung war. Seine Eltern und seine Verlobte sind vorhin mit ihm ins Dorf seiner Großeltern gefahren, um ihn dort zu bestatten. Die arme Linett, sie ist bereits ziemlich weit mit der Schwangerschaft.« Linett muss die Frau mit den vielen Zöpfchen sein. Die Tragödie ist auch für mich nicht zu fassen. Karisa war noch so jung und voller Pläne gewesen.

»Es tut mir so leid. Ich wünschte, wir hätten ihn retten können.«

»Du meinst, es war das Blei?«

»Was denn sonst?«, frage ich.

»Phyllis«, sagt Anastasia eindringlich. »Das geht nicht so weiter. Wir müssen dringend etwas unternehmen. Es muss einen Weg geben, um die Menschen hier zu schützen!«

»Es gibt keinen Schutz«, sage ich zu ihr. »Solange das Werk die Emissionen in die Siedlung pustet, seid ihr ihnen ausgesetzt. Ihr könntet nur an einen anderen Ort ziehen.«

»Aber Phyllis!«, protestiert sie. »Glaubst du wirklich, die Menschen hier könnten sich irgendeine Bleibe außerhalb des Slums leisten? Wenn sie das könnten, wären sie längst nicht mehr hier!«

»Du hast recht.« Ich muss einsehen, dass mein Vorschlag komplett an der Realität der Bewohner von Owino Uhuru vorbeigeht. Aber was können wir sonst tun? »Wie wäre es, wenn wir eine Demonstration vor den Toren der Metal Refinery organisieren?«

»Hier in Owino Uhuru? Glaubst du, das interessiert irgendjemanden?«

»Hm.« Ich denke über ihren Einwand nach. Ein Protest mitten im Slum würde tatsächlich niemand mitbekommen. Aber wenn wir nach Mombasa gingen oder … »Wir könnten doch die Straße blockieren!«, schlage ich vor. »Den Highway, der direkt an Owino Uhuru vorbeiführt.«

»Darf man das denn?«

»Natürlich ›darf‹ man das nicht. Aber es würde garantiert für viel Aufmerksamkeit sorgen.«

Unser Entschluss ist gefasst. Anastasia streut die Nachricht von unserem Vorhaben unter ihren Nachbarinnen und Freundinnen, die sie ihrerseits weitergeben. Da der plötzliche Tod von Karisa die Frauen der Siedlung aufgerüttelt und schockiert hat, brennen viele von ihnen darauf, wieder etwas zu unternehmen. Und so kommt schnell eine große Gruppe zusammen, die mitmachen will. Auch Linett, die Verlobte des verstorbenen Karisa, ist dabei.

Wir besorgen ein altes Megafon, überlegen uns Forderungen, die wir an die Munizipalität richten wollen, entwerfen eine Route für die Demo und bemalen alte Bettlaken in grellen Farben mit unseren Slogans. Sämtliche Aktivitäten finden im Geheimen statt, damit die Männer des Ortes nichts davon merken. Denn den Männern trauen wir nicht: Obwohl auch ihnen Karisas Schicksal zu denken gegeben hat, liegt ihre Loyalität bei ihrem Arbeitgeber, und wir fürchten, dass sie unsere Pläne an Manan Shah verraten würden. Sie haben immer noch nicht begriffen, dass es um ihr Leben und das ihrer Familien geht.

Mich hassen die Männer ganz besonders, weil sie glauben, dass ich ihre Frauen aufgehetzt habe. Aber das stimmt nicht, die Rechnung geht anders: In Owino Uhuru steht die Gesundheit der Kinder auf dem Spiel. Und wenn kenianische Frauen sich zwischen ihren Männern und ihren Kindern entscheiden müssen, siegt ihr Mutterinstinkt. Das können die meisten Männer aber nur schwer akzeptieren – und schieben deshalb mir die

Schuld in die Schuhe. Es ist bequemer für sie, mich als Sündenbock herzunehmen.

Wenn ich die Siedlung betrete, muss ich sehr aufpassen: Hesron Awiti hat die Polizei angewiesen, mich abzufangen – angeblich, weil die Bewohner meine Anwesenheit nicht wünschten. Das trifft allerdings nur für den männlichen Teil von ihnen zu. Meine Besuche gleichen einem Katz-und-Maus-Spiel. Entdeckt mich der Dorfälteste Alfred Ogolla oder einer seiner Leute, so verfolgen sie mich. Wenn sie mich in einem bestimmten Haus glauben, verständigen sie die Polizei. Aber auch ich habe Verbündete: Die Frauen schleusen mich durch die Hintertüren von Haus zu Haus. Und da im Slum alles so unübersichtlich ist, bin ich längst nicht mehr da, wo die Männer mich vermuten, wenn die Polizei eintrifft. Da ich ständig in Bewegung bin, ist es für sie kaum nachvollziehbar, wo ich mich gerade befinde. Zudem gibt es noch einen Weg durch den Fluss, über den ich im Notfall entwischen kann. Bislang hat das jedenfalls immer geklappt.

Zur Vorbereitung unserer Demo versuche ich außerdem, Kontakte zu den Medien zu knüpfen. Linett unterstützt mich dabei. Sie begleitet mich in die Redaktionen der Zeitungen *The Nation* und *The Daily Star* sowie zu einigen Radiostationen. Dort reden wir mit den Journalisten. Linett berichtet über den tragischen Tod Karisas und versucht auf diese Weise, Interesse für die Vorgänge in Owino Uhuru zu wecken. Aber das Echo ist verhalten.

»Lässt sich das denn nachweisen, dass der Mann aufgrund einer Bleivergiftung gestorben ist?«, fragen uns die Redakteure kritisch. »Wurde eine Autopsie gemacht?«

»Nein«, muss ich zugeben – und ärgere mich.

Nur Winszon Otum, ein Journalist von der Zeitung *Media Max*, hört uns aufmerksam zu und scheint sich wirklich für das, was wir ihm erzählen, zu interessieren. Zum Abschied gibt er mir seine Handynummer. »Bitte melden Sie sich unbedingt, sobald es etwas Neues gibt«, fordert er mich auf.

Als Linett und ich zurück zum Bus gehen, klagt sie über Bauchschmerzen. Ich sehe sie an – und habe nur einen einzigen Gedanken. Ist mit der Schwangerschaft alles in Ordnung? »Setz dich lieber hin«, sage ich zu ihr und geleite sie zu einer Bank, die glücklicherweise an der Bushaltestelle steht. Wir befinden uns mitten auf der Straße. Autos und Mopeds fahren hupend vorbei und wirbeln Staub auf.

»In welchem Monat bist du?«, frage ich sie.

»Im sechsten«, stöhnt sie. »Es tut so weh.«

Als der Bus kommt, überlege ich, was ich tun soll. Einzusteigen traue ich mich nicht: Die Erschütterungen würden Linett nur noch mehr zusetzen. »Wir nehmen besser den nächsten«, sage ich zu ihr, »geht es schon etwas besser?«

Sie schüttelt den Kopf. Ihre Hand liegt auf dem Buch, als wolle sie ihn beschützen. Plötzlich krümmt sie sich zusammen. »Was ist los? Hast du Krämpfe?«, frage ich sie. Aber Linett stöhnt nur.

Ich rufe meinen Freund Henry an. »Ich bin hier mit einer Freundin, die schwanger ist und nicht mehr laufen kann. Ich denke, sie sollte ins Krankenhaus.«

»Bleibt, wo ihr seid, ich komme«, erklärt er sofort.

Als Henry kurz darauf vorfährt, hieven wir Linett gemeinsam auf die Rückbank seines Wagens. Ihr Körper wird weiterhin von Krämpfen geschüttelt, und ihre Augen sind vor Angst geweitet. In der Notaufnahme verfrachtet einer der Sanitäter Linett auf eine Liege und sagt ihr, dass sie sich entspannen solle, der Arzt komme gleich. Er will ihr ein Beruhigungsmittel spritzen. Aber da ist es schon zu spät: Linett erleidet eine Fehlgeburt.

Der Fötus liegt im Schoß seiner Mutter; er ist über und über mit Blut bedeckt. Es ist ein herzzerreißender Anblick. Linett ist außer sich und weint hemmungslos. Ich streichele ihr über den Kopf und murmele beruhigende Worte. »Du bist noch jung. Du kannst noch viele Kinder bekommen«, behaupte ich, ohne zu wissen, ob das stimmt. Ist dieses kleine Wesen das jüngste Opfer der Metal Refinery?, frage ich mich. Von Anastasia weiß ich, dass viele Frauen in Owino Uhuru seit der Inbetriebnahme des Werks Fehlgeburten hatten.

Ich betrachte das kleine Wesen genauer: Es ist ein Junge, und er sieht merkwürdig aus. Seine Haut wirkt fast transparent. So als gäbe es gar keine Trennung zwischen Innen und Außen.

Als der Sanitäter ihn wegschaffen will, halte ich ihn zurück. »Einen Moment«, sage ich, »wir würden diesen Fötus gerne einem Arzt zeigen!«

»Aber er ist tot«, sagt er und sieht mich verständnislos an. Ich kenne diesen Blick: Es ist der Blick, mit dem mich die Leute betrachten, wenn sie meinen, dass ich verrückt bin. »Unsere Ärzte kümmern sich nur um lebende Patienten.«

»Ich will aber, dass man die Todesursache feststellt: Wenn die Ärzte hier den Fötus nicht untersuchen wollen, geben sie ihn uns wenigstens mit nach Hause.«

Der Mann hört nicht auf mich und trägt das blutige Bündel aus dem Raum. Linett und ich schauen ihm hinterher. »Das werden wir nicht hinnehmen«, sage ich zu ihr. »Wir müssen eine Autopsie machen lassen.«

»Ja«, antwortet sie schwach.

Während Linett eine Infusion mit blutungsstillenden Mitteln erhält, rufe ich Anastasia an und informiere sie über das traurige Geschehen. »Sie wollen uns den Fötus nicht geben«, sage ich zum Abschluss. »Kannst du kommen?«

Knapp eine Stunde später rückt Anastasia mit ungefähr zwanzig Begleiterinnen aus ihrer Gemeinde an. Die Frauen setzen sich in stillem Protest vor das Klinikgebäude. Mit ihrer ganzen Autorität als Pastorin verlangt Anastasia die Herausgabe des Fötus. »Wir wollen ihn begraben«, behauptet sie. »Es ist das Recht der Mutter, ihr Kind mit nach Hause zu nehmen!«

Angesichts dieses Aufgebots lässt sich nun doch endlich ein Arzt an Linetts Krankenbett blicken. Dem älteren Mann im weißen Kittel ist offenbar nicht ganz wohl in seiner Haut. »Fehlgeburten sind eine ganz natürliche Sache«, erklärt er Linett, »dafür kann es sehr verschiedene Ursachen geben.«

»Ja, deshalb wollten wir ja, dass Sie das Kind untersuchen«, entgegnet sie tapfer.

Der Arzt lächelt gezwungen. »Dafür ist es jetzt zu spät. Schonen Sie sich das nächste Mal mehr, dann klappt es schon«, rät er ihr.

»Danke für den Hinweis. Überlassen Sie uns bitte einfach den Fötus«, antworte ich an Linetts Stelle.

»Den kann ich Ihnen leider nicht geben.«

»Und warum nicht?«

»Aus Hygienegründen.«

Wir streiten noch eine Weile hin und her. Doch der Arzt und das Krankenhauspersonal bleiben stur, und irgendwann müssen wir unseren Sitzstreik vor dem Krankenhaus abbrechen und unverrichteter Dinge abziehen. Die Frauen sind traurig und frustriert, aber wir haben kein Druckmittel, um unsere Forderungen durchzusetzen.

»Das wird sich ändern, sobald wir den Highway lahmlegen«, verspreche ich den Frauen. Ich spüre, dass wir alle jetzt bereit sind, ein höheres Risiko einzugehen.

* * *

Wir setzen unsere Demonstration auf dem Highway zwischen Mombasa und Nairobi für einen Montag an. Der Montagmorgen ist perfekt, da zu diesem Zeitpunkt dort Rushhour herrscht: Die Lastwagenfahrer aus dem Inland bringen ihre Waren zur Verschiffung in den Hafen von Mombasa, Businessleute und Büroangestellte strömen von überall her in die Stadt, um in ihre

Arbeitswoche zu starten. Es sei denn, eine Gruppe von Frauen blockiert den Highway und lässt niemanden mehr durch …

Ich erreiche Owino Uhuru im Morgengrauen und halte mir ein Taschentuch vor den Mund: Die beiden Schlote der Fabrik pusten ihren tiefschwarzen Rauch in den Himmel und verbreiten einen höllischen Gestank. In Anastasias Haus, unserer Protestzentrale, herrscht bereits reger Betrieb. Die Hausherrin schenkt süßen Tee aus, den ich mit sehr gemischten Gefühlen und nur aus Höflichkeit trinke. Wenn ich mir vorstelle, dass hier alle mit dem verseuchten Wasser kochen, sich waschen und putzen müssen, wird mir ganz anders. Der Ehemann der Pastorin schaut mit grimmiger Miene zu, wie die Frauen aus der Nachbarschaft bei ihm ein und aus gehen. In seinem Wohnzimmer lagern unsere ganzen Banner, die wir mit Parolen bemalt haben. Von Anastasia weiß ich, dass es deswegen Auseinandersetzungen zwischen den Eheleuten gegeben hat – aber sie hat sich durchgesetzt. »Er wird den Sinn unseres Engagements schon noch erkennen«, meint sie zuversichtlich. »Und verpfeifen wird er uns bis dahin auch nicht.« Ich frage mich, wie viele Tote es noch geben muss, bis die Männer endlich ein Einsehen haben.

Dann kann es losgehen! Ich hake mich bei Anastasia und Catherine unter. Gemeinsam ziehen wir in Richtung Fabrik, hinter der der Highway liegt. Immer mehr Frauen kommen aus ihren Häusern und schließen sich uns an. Bald besteht unser Zug aus 200 bis 300 Demonstrantinnen. Ich bin überwältigt: Von einer so großen Beteiligung hätte ich nicht zu träumen gewagt.

Als wir an der rußschwarzen Mauer der Metal Refinery vorbeiziehen, kochen bei meinen Mitstreiterinnen die Emotionen hoch. »Blei tötet!«, ruft Catherine laut. Die anderen wiederholen den Slogan. Die Sicherheitskameras schwenken in unsere Richtung und verraten uns, dass wir beobachtet werden. Aber das ist uns egal: Wir haben unsere Angst abgelegt und sind für jede Auseinandersetzung, die kommen mag, gewappnet.

Am Highway warten zwei Polizeiwagen auf uns. Als wir näher kommen, steigen rund ein Dutzend Polizisten in grünen Uniformen aus. Mit ihren Schutzschilden versperren sie uns den Weg. »Stehen bleiben!«, brüllt ihr Chef.

»Lasst uns durch!«, brülle ich zurück.

Wir laufen geradewegs auf sie zu. Die Beamten sind so perplex, dass sie überhaupt nicht wissen, wie sie reagieren sollen. Ich glaube, das liegt auch daran, dass wir Frauen sind und es ihnen widerstrebt, uns mit Gewalt abzudrängen oder gar zu schlagen. Außerdem sind wir ihnen zahlenmäßig weit überlegen. Deshalb leisten sie keinen nennenswerten Widerstand, als wir an ihnen vorbei in Richtung Highway stürmen.

»Seid ihr wahnsinnig?«, rufen sie uns hinterher. »Ihr werdet euch umbringen!«

Diese Warnung ist nicht ganz von der Hand zu weisen. Denn auf dem Highway rasen die Autos in Höchstgeschwindigkeit an uns vorbei. Unsicher sehe ich Anastasia und Catherine an, aber die beiden scheinen wild entschlossen zu sein. »Habt keine Angst!«, ruft die Pastorin den Frauen hinter uns zu, »ihr müsst nur ganz dicht an uns heranrücken, dann kann euch gar nichts passieren.«

Die Frauen schließen zu uns auf, bis wir dicht an dicht stehen und einen undurchlässigen Block bilden. In dieser Formation wagen wir uns auf die Fahrbahn: Anastasia, Catherine und ich vorneweg, die anderen Frauen hinterher. So tasten wir uns schrittchenweise vorwärts. Immer wenn ein Wagen besonders knapp an uns vorbeirauscht, schießt mir das Adrenalin durch die Adern. Aber zu meinem Erstaunen bleiben wir alle, selbst in der ersten Reihe, unbeschadet: Früher oder später weichen die Autos aus. Schließlich sind so viele Frauen auf der Fahrbahn, dass die Autos gezwungen sind, einen Bogen um uns herum zu fahren, bis am Ende auch das nicht mehr geht: Sämtliche Fahrzeuge müssen stehen bleiben, nichts geht mehr. Die Fahrer schimpfen und hupen erbost. Aber das nützt ihnen nichts, der Highway gehört jetzt uns. Der Highway – und die öffentliche Aufmerksamkeit. Das ist ein wahrhaft erhebendes Gefühl. An den Gesichtern um mich herum, sehe ich, dass es den anderen Frauen genauso ergeht. Catherine und Anastasia strahlen. Sie spüren, wie viel Macht wir plötzlich haben. Voller Energie halten wir unsere Banner in die Höhe und rufen: »Blei tötet, Owino Uhuru wird vergiftet!«

Die Nachricht von unserer Blockade verbreitet sich schnell. In Mombasa funktioniert an diesem Morgen bald nichts mehr: Wir haben ein riesiges Verkehrschaos erzeugt, das fast das gesamte Berufsleben der Stadt lahmlegt, weil die Leute hinter uns im Stau stehen.

Ich schnappe mir das Megafon. »Sie fragen sich, warum wir mitten in der Hauptverkehrszeit den Verkehr blockieren«, rufe ich mit lauter Stimme. »Die Antwort ist: weil uns sonst keiner zuhört. Die Frauen von Owino Uhuru sind verzweifelt, weil mitten in ihr Wohngebiet eine Fabrik gebaut wurde, die die ganze Gegend mit Blei vergiftet. Ihre Kinder werden davon krank, auch mein eigener Sohn. Aber niemand kümmert sich. Deshalb fordern wir jetzt ein Gespräch mit dem Abgeordneten, der uns im Parlament vertritt: Ja, ich meine Sie, Herr Kajembe! Kommen Sie sofort her! Wir müssen mit Ihnen sprechen!«

Die lokalen Radio- und Fernsehkanäle senden meine Forderung live. Sie berichten, dass wir uns weigern, den Highway zu räumen, wenn Kajembe nicht persönlich kommt und mit uns spricht. Und Journalisten-Freund Winszon Otum, den ich vorab informiert habe, veröffentlicht gleich in mehreren Medien seine Hintergrund-Story über die Zustände in Owino Uhuru.

Da ich mich strikt weigere, mit der Polizei über einen Abzug zu verhandeln, meldet sich Kajembe nach einer Weile tatsächlich bei einem Fernsehkanal. Am Telefon beteuert der Abgeordnete, dass er selbstverständlich bereit sei, mit uns zu sprechen.

Nur leider habe er im Moment keine Zeit. Heute Abend werde er aber sehr gerne kommen, um sich unsere Probleme anzuhören. Wenn wir in der Zwischenzeit bitte schön die Straße freigeben würden?

Ein Journalist hält mir sein Mikrofon hin und will wissen, ob meine Forderung damit erfüllt sei. Ich berate mich mit meinen Mitstreiterinnen. Eigentlich traue ich dem Frieden nicht recht. Aber Anastasia und Catherine sind ziemlich beeindruckt von der Ankündigung und finden, dass wir dem Politiker entgegenkommen sollten.

»Okay«, antworte ich deshalb, »wir gehen jetzt nach Hause – aber heute Abend um fünf Uhr versammeln wir uns wieder hier und werden Herrn Kajembe erwarten.«

* * *

Als sich unsere Demo langsam auflöst, fühlen sich die Frauen schon wie Siegerinnen. Vor allem Catherine ist wahnsinnig stolz, dass der Politiker direkt das Wort an uns gerichtet hat, und kann es kaum erwarten, ihn am späten Nachmittag persönlich zu treffen. Doch als wir um kurz vor fünf wieder in Richtung Highway ziehen, müssen wir feststellen, dass dort jetzt eine ganze Armee von Polizisten auf uns wartet. Diesmal sind es so viele, dass wir unmöglich an ihnen vorbeikommen.

»Die Versammlung wird nicht auf der Straße, sondern auf dem zentralen Platz in Owino Uhuru stattfinden«, verkündet ihr Chef.

»Wir hatten aber vereinbart, uns mit Herrn Kajembe genau hier zu treffen«, wende ich ein – und sehe mich um, ob ich nicht irgendwo einen Journalisten entdecke. Doch offenbar wurden auch die Medienvertreter nicht zur Straße vorgelassen. »Das ist Wortbruch!«

»Nein, das ist nur eine Planänderung. Also gehen Sie schon.«

Zusammen mit den anderen Frauen laufe ich zurück zur Siedlung. Stellt Kajembe uns eine Falle? Da mich jetzt das sichere Gefühl beschleicht, dass dies nicht die einzige Planänderung sein könnte, bitte ich meine Mitstreiterinnen, auf der Hut zu sein. Zur Sicherheit bringen wir an den Zugängen zum Dorfplatz außerdem ein paar Jungen mit Motorrädern in Stellung, falls wir flüchten müssen.

Dann warten wir. Kameras oder Leute mit Mikrofonen kann ich immer noch nirgendwo entdecken. »Wo bist du? Was ist los?«, frage ich Winszon Otum am Telefon. Der Journalist berichtet mir, dass sämtliche Kollegen, die sich Owino Uhuru nähern wollten, zurückgeschickt würden. Jetzt bekomme ich langsam Panik. Da braut sich doch irgendetwas ganz Übles zusammen.

Die Frauen fahren herum, als wir plötzlich hinter uns ein Fahrzeug durch die Gassen rumpeln hören. Der Wagen fährt direkt auf den Platz und hält dort. Ein paar sehr große Männer in Anzügen steigen aus. Aber der Abgeordnete ist nicht darunter. Dafür ein dicklicher Mann mit einem albernen Hut auf dem Kopf: Es ist Hesron Awiti, der Miteigentümer der Metal Refinery. Spontane Buh-Rufe ertönen in der Menge.

»Hey, was willst du hier? Dich brauchen wir hier nicht!«, rufe ich Awiti zu.

Doch der lässt sich nicht irritieren: Er benimmt sich, als wolle er in Owino Uhuru eine Wahlkampfveranstaltung bestreiten. »Herr Kajembe hat mich gebeten, ihn zu vertreten, weil er heute Nachmittag leider verhindert ist«, sagt er in ein Megafon. »Also bin ich zu euch gekommen, um mit euch über die Metal Refinery zu sprechen.«

»Buh! Geh nach Hause!«, unterbrechen ihn die Frauen.

»Diese Bleischmelze ist doch in Wirklichkeit ein Segen für Owino Uhuru. Warum wollt ihr das nicht begreifen? Wisst ihr überhaupt noch, wie es vorher war? Eure Männer hatten keine

Arbeit. Jetzt dagegen stehen sie in Lohn und Brot; sie können ihre Familien ernähren.«

»Das nützt diesen Familien aber nicht viel, wenn ihre Kinder von den Emissionen krank werden«, rufe ich wütende dazwischen. »Mein eigener Sohn wäre fast gestorben, weil der Bleigehalt in seinem Blut so hoch ist. Und das weißt du genau. Oder soll ich etwa deine Erinnerung auffrischen?«

Spontan greife ich in meine Handtasche und ziehe den Computerausdruck heraus, auf dem Kings Blutwerte vermerkt sind und den ich heute mitgenommen habe, weil mich die Journalisten ständig nach »Beweisen« für meine Behauptungen fragen. Ich wedele damit in der Luft. »Hier schau mal!«, sage ich zu Awiti. »Da steht schwarz auf weiß, wie du meinen Sohn vergiftet hast!«

»Halt den Mund, Frau«, entgegnet er wütend.

»Ich halte überhaupt nicht den Mund!«

»Doch, das tust du. Du hetzt mir hier nicht alle Leute auf, verstanden? Das eigentliche Problem bist nämlich *du!*«

Er zeigt auf mich – und sieht gleichzeitig die Männer an, die mit ihm aus dem Wagen gestiegen sind: Die Typen, deren Muskelpakete sich unter den Anzügen abzeichnen, sind wahrscheinlich seine Leibwächter. Oder einfach nur Schläger. Als alle vier plötzlich auf mich zukommen, weiß ich jedenfalls, was sie vorhaben.

»Diese Frau wurde als Unruhestifterin entlarvt, sie wird festgenommen«, poltert Awiti weiter.

In diesem Moment begreifen auch meine Mitstreiterinnen, was die Männer vorhaben: Anastasia und ein paar andere stellen sich schützend vor mich, um den Schlägern den Weg zu versperren. Unterdessen stürze ich zur anderen Seite, wo sich die Menge jetzt teilt, damit ich davonlaufen kann. Ich renne, so schnell ich kann. Awitis Schläger setzen mir nach. Mein Herz pocht wie wild, während ich versuche, einen der Ausgänge zu erreichen, wo die Jungs mit den Motorrädern stehen.

Dort angekommen, schwinge ich mich auf eine der Maschinen. Sein Besitzer wirft mir den Schlüssel zu, und ich lasse den Motor aufheulen. Gerade noch rechtzeitig schaffe ich es, damit in eine der Gassen zu entkommen. An ihrem Ende sehe ich einen Polizeiwagen und Einsatzkräfte stehen. Aber ich halte nicht an, sondern presche mitten durch das Polizeiaufgebot.

KAPITEL 5

Straßenkampf

Die Metal Refinery steht still. Der große Schmelzofen ist erkaltet, und aus den beiden Fabrikschloten weht kein schwarzer Rauch mehr. Seit unserer Demonstration vor knapp einer Woche wird in Owino Uhuru kein Blei mehr produziert. Unter den Frauen herrscht ungläubiges Staunen. Sind die Behörden durch unseren Protest wirklich aufgewacht? Haben sie der Schmelze die Lizenz entzogen? Alle Anzeichen deuten darauf hin.

»Am vergangenen Dienstag parkte ein Wagen der NEMA vor den Werkstoren«, erzählt mir Anastasia, als ich sie am Wochenende in Owino Uhuru besuche. »Und in der Nacht zum Mittwoch wurden dann alle Arbeiter nach Hause geschickt: Der Manager sagte, dass in den Produktionsanlagen Kontrollen durchgeführt würden und dass sie bis auf Weiteres freigestellt seien.«

»Unglaublich!« Ich kann unseren Erfolg selbst nicht fassen. Aber ein Blick in den blauen Himmel, der nicht wie sonst durch den Abgas-Schleier getrübt ist, beweist, dass ich nicht träume. »Siehst du, es hat sich doch gelohnt«, sage ich zu Anastasia, »jetzt könnt ihr hier endlich aufatmen.«

Doch unsere Euphorie währt nicht lange. Bereits am Montag ruft Herr Shah die Männer zurück an ihre Arbeitsplätze. Er verkündet, die Metal Refinery habe nun alle Umweltauflagen erfüllt und werde deshalb die Produktion wiederaufnehmen.

»Das glauben die doch selber nicht!«, sage ich zu Anastasia, als ich das nächste Mal in Owino Uhuru bin. Die Abgas-Glocke hängt erneut über der Siedlung, und das Wasser im Fluss, in den die Metal Refinery ihr Abwasser leitet, riecht genauso übel wie zuvor. Auch die Lastwagen mit den stinkenden Altbatterien rumpeln wieder durch die Gassen.

Wir vermuten alle, dass hinter den Kulissen Geld geflossen ist: dass die Besitzer der Metal Refinery die Beamten der NEMA schlichtweg bestochen haben. Das frustriert die Frauen – und mich macht es wütend. Ich fordere deshalb, dass wir die Behörde mit unseren nächsten Aktionen ganz gezielt attackieren. »Wir müssen den Verantwortlichen ihre Versäumnisse nachweisen!«, sage ich zu meinen Mitstreiterinnen.

»Das klingt gut«, findet Anastasia, »aber wie soll das funktionieren?«

Ich überlege einen Moment. »Ich schlage vor, wir heuern selbst einen Experten an und lassen die Qualität des Wassers im Fluss untersuchen. Und wir lassen das Blut von noch mehr Kindern aus Owino Uhuru testen, um nachzuweisen, welch verheerende Wirkung die Emissionen haben.« Beide Untersuchungen wären normalerweise Aufgabe der NEMA.

»Hm.« Anastasia wirkt wenig überzeugt. »Und wer soll das bezahlen?«

»Wir sammeln Geld dafür. Der Journalist Winszon Otum meint, wir hätten gute Chancen, wenn wir jetzt einen Spendenaufruf per Facebook starteten.«

Die Frauen schauen mich skeptisch an. Klar, das ist völlig unbekanntes Terrain für sie: Keine von ihnen hat einen Facebook-Account. Und auch ich selbst habe keinerlei Erfahrung mit Social-Media-Kampagnen und bin mir nicht sicher, ob das funktioniert. Aber warum sollten wir es nicht wenigstens probieren? »Wenn es schiefgeht, lassen wir uns eben etwas anderes einfallen«, sage ich.

Zu meiner Überraschung läuft die Kampagne gut an: Wir erhalten zahlreiche Zuschriften auf Facebook. Zudem gelingt es uns innerhalb einiger Wochen knapp tausend Dollar von unseren Unterstützern einzusammeln. Von dem Geld engagiere ich einen Wasserexperten, der eine Probe aus dem Fluss entnimmt.

Der Mann von der Firma SGS fällt ein eindeutiges Urteil: »Das ist kein Wasser, das ist reines Gift«, berichtet er mir nach der Auswertung der Ergebnisse der Laboruntersuchung. Als ich ihm sage, dass die Menschen dieses Wasser auch trinken, ist er entsetzt: »Wissen Sie, dieses Wasser dürfte nicht einmal durch ein Abwasserrohr fließen, so ätzend ist es.«

Mit dem Rest der Spendengelder lassen wir die Blutproben von zehn Kindern aus dem Slum untersuchen. Wie erwartet haben sie alle viel zu hohe Bleiwerte, nur bei einem Jungen sind sie normal. Anastasia wirft einen Blick auf den Namen. »Das ist der kleine George«, sagt sie. »Seine Familie ist erst vor Kurzem nach Owino Uhuru gezogen, weil der Vater einen Job bei der Metal Refinery bekommen hat. Er hatte also noch keine Zeit, sich zu vergiften«, schließt sie.

Nun haben wir erstmals handfeste Daten, die beweisen, dass die Abgase und das Abwasser der Metal Refinery die Gesundheit der Menschen von Owino Uhuru gefährden: Jetzt wollen wir die Umweltbehörde damit konfrontieren.

Früh am Morgen marschieren wir los. Rund 200 Frauen und Kinder aus Owino Uhuru machen sich auf den Weg zum NEMA-Gebäude in Mombasa. Wir sind voller Optimismus. Auf unserem Weg singen wir: »Owino Uhuru schläft nicht, weil der Kampf weitergeht. Owino Uhuru wird niemals schlafen, solange wir im Kampf stehen.«

Vor der Umweltbehörde warten bereits die Journalisten, die ich im Vorfeld über unsere Aktion informiert habe. Die drei Wachleute sind völlig überfordert und lassen uns ohne Probleme durch den Eingang in das Bürogebäude hineinmarschieren.

Dort sind die Beamten ziemlich perplex angesichts unseres Aufgebots. Es sind typische Büroleute mit weißen Hemden und Krawatten, wie sie bei uns nur in klimatisierten Räumen existieren können. Der Anblick der vielen ärmlich gekleideten Frauen, die außer Atem sind und schwitzen, verunsichert sie sichtlich. Einige versuchen, sich schnell zu verdrücken. Andere sind zu neugierig und bleiben.

»Wir sind gekommen, um im Namen der Bewohner von Owino Uhuru diesen Brief hier abzuliefern«, sage ich und überreiche einem der Schreibtischtäter feierlich den Umschlag, in dem sich die Ergebnisse der Wasseruntersuchung sowie die Resultate der Bluttests befinden. »Wir haben Beweise zusammengetragen, aus denen eindeutig hervorgeht, dass die Metal Refinery der Gesundheit der Bewohner von Owino Uhuru schadet«, erkläre ich. »Und aufgrund dieser Beweise fordern wir, dass die Anlage an einen anderen Ort verlegt wird.«

Der Beamte wirkt ziemlich überfordert. »Und deswegen sind Sie *alle* hierhergekommen?«

»Ja. Und wir werden nicht gehen, bis wir eine Antwort erhalten haben.«

Er starrt mich mit offenem Mund an. »Das ist aber nicht üblich. Am besten, Sie gehen jetzt wieder nach Hause. Die NEMA wird Ihren Brief und die restlichen Unterlagen genau prüfen und Ihnen sehr bald eine Antwort zukommen lassen.«

»Nein, das kennen wir schon! Wir haben genug Zeit damit verplempert, auf die Antwort Ihrer Behörde zu warten. Die ersten Bewohner von Owino Uhuru sind bereits gestorben, weil Sie sich hier so viel Zeit lassen.«

»Sie können unmöglich warten!«

»Doch, das können wir.« Demonstrativ breiten meine Begleiterinnen ihre mitgebrachten Matten auf dem Bürofußboden aus und setzen sich. »Sehen Sie?«

»Wenn Sie nicht gehen, werde ich die Polizei rufen!«

»Wir wollen doch nur eine Antwort. Und je schneller Sie uns die geben, desto schneller sind Sie uns wieder los.«

Wir diskutieren noch eine Weile hin und her. Der Mann kündigt uns alle möglichen Konsequenzen an, wenn wir nicht gehen. Immer wieder droht er mit der Polizei. Aber ich bin mir relativ sicher, dass wir die nicht allzu sehr fürchten müssen. Was sollten die Polizisten denn tun? Uns vor den Augen der Journalisten verprügeln? Oder 200 Frauen und Kinder verhaften? Zudem stehen wir hier nicht auf einer Hauptverkehrsstraße. Es gibt kaum Anlass für die Staatsmacht, die NEMA-Angestellten aus ihrer misslichen Lage zu befreien.

Also machen wir es uns bequem. Einige Frauen stimmen ein Lied aus dem kenianischen Unabhängigkeitskampf an: »Wir stehen zusammen; wir kämpfen zusammen; wir essen zusammen; wir sterben zusammen. Egal, was wir tun, wir werden immer zusammenhalten!«, schmettern sie auf Kisuaheli. Wir schmettern einen Song nach dem anderen, um uns selbst bei Laune zu halten – und auch, um den Büroleuten damit ordentlich auf die Nerven zu gehen.

Unsere Stimmung ist anfangs richtig gut: Wir fühlen uns wie auf einem Klassenausflug und haben es überhaupt nicht eilig, das Gebäude wieder zu verlassen. Natürlich haben wir uns auch ein paar Lebensmittel und einen Gaskocher mitgebracht. Am Nachmittag, als die Kinder Hunger bekommen, beginnen einige Frauen zu kochen. Die Polizei lässt sich auch weiterhin nicht blicken.

Als es Abend wird, bittet uns der Leiter der NEMA noch einmal, das Gebäude zu verlassen. Aber wir beharren darauf, dass wir erst seine Antwort auf unser Schreiben wollen. »Wir brauchen verbindliche Aussagen von Ihnen, wie Sie die Menschen in Zukunft vor den Gefahren schützen wollen«, sage ich zu ihm. »Wenn Sie uns schriftlich zusichern, dass die Metal Refinery ihren Produktionsstandort verlegen muss, gehen wir sofort nach Hause.«

Da er das nicht tut, bleiben wir. Selbst als die Beamten nach Dienstschluss verschwinden, harren wir in ihren Büros aus – die ganze Nacht über. Die Frauen finden das gar nicht so schlecht: »Zumindest erleben wir auf diese Weise mal eine Nacht ohne Husten und Abgase«, sagt Anastasia lachend zu mir.

Am nächsten Morgen kehrt die Bürobesatzung frisch frisiert und in sauberen Kleidern zurück. Und auch wir haben bereits unsere Morgentoilette verrichtet. Die Beamten wirken wenig erfreut, als sie feststellen, dass wir ihre Sanitäranlagen benutzt haben. Zum Frühstück kochen wir Porridge, das ganze Büro duftet danach.

So geht das zwei Tage lang. Aber so gut die Stimmung zunächst war: Irgendwann wird das Kräftemessen auch für uns zermürbend. Ich selbst würde mich jedenfalls nur allzu gerne mal wieder unter eine richtige Dusche stellen. Auch King vermisse ich sehr.

Am dritten Tag unseres Protests, einem Freitag, haben wir immer noch keine Antwort erhalten. Wie lang, frage ich mich, soll ich denn noch von zu Hause fortbleiben? Silas ruft mich ständig an, weil er wissen will, wann ich ihn ablöse. Der Kleine heult am Telefon nur noch. Den anderen Frauen geht es ähnlich. »Am Sonntag muss ich unbedingt den Gottesdienst halten«, sagt Anastasia zu mir. Auch sie wirkt bereits reichlich zerzaust, und ihre sonst jeden Morgen so sorgfältig gedrehten Locken sind wirr. »Danach kann ich ja wiederkommen.«

»Na ja, am Wochenende ist hier sowieso niemand, den wir ärgern könnten«, gebe ich zu bedenken.

»Meinst du, wir sollen die Sache abbrechen?«

Ich bin unentschlossen. Aber ich merke, dass bei uns allen die Stimmung kippt, die Luft langsam raus ist. Also stimmen wir ab: Die Mehrheit der Frauen spricht sich dafür aus, nach Hause zu gehen. Keine von uns vermag zu sagen, ob die Besetzung der NEMA etwas gebracht hat. Die Tendenz ist eher negativ. Aber ein paar Tage nach unserer Aktion macht die Metal Refinery überraschend erneut dicht. Manager Shah setzt sämtliche Arbeiter vor die Tür. Und diesmal sagt er ihnen, dass sie überhaupt nicht wiederzukommen brauchten. Da die Männer aus Owino Uhuru zu unzuverlässig seien, werde man künftig Arbeitskräfte aus anderen Vierteln engagieren.

Für die Männer und ihre Familien ist das einerseits ein schwerer Schlag. Andererseits kommt er nicht ganz unerwartet: Im Laufe der Zeit waren immer mehr Männer krank geworden. Besonders diejenigen, die in unmittelbarer Nähe des Schmelzofens tätig waren, hielten nie lange durch. Meist bekamen sie zuerst eine besonders schlimme Form des Hautausschlags, unter dem auch die Kinder leiden. Dann setzte ihnen das Fieber zu. Und wenn sie nicht mehr arbeitsfähig waren, hatte die Werksleitung sie einfach rausgeschmissen, ohne ihnen eine Entschädigung zu zahlen. Für die betroffenen Familien war das natürlich ein Drama: Plötzlich ohne Einkommen fraß die Behandlung eines schwer kranken Familienvaters jeden Shilling auf. Oft reichte es dann nicht einmal mehr für etwas zu essen.

Als Manan Shah nun die Massenentlassung verkündete, vermuteten daher viele, dass es ihm und den Besitzern der Metal Refinery in Wirklichkeit darum ging, die bereits angeschlagenen, nicht mehr so leistungsfähigen Arbeitskräfte aus Owino Uhuru loszuwerden: Die Männer fühlten sich wie Arbeitsesel, die man einfach austauscht, wenn sie zu alt werden. Das kratzte an ihrem Stolz, den sie auch daraus zogen, für ihre Familien sorgen zu können. Nun waren sie für diese zum Ballast geworden.

Was in der Welt der Männer nach der Entlassungswelle wirklich vor sich geht, begreife ich erst, als ich einige Zeit später Alfred Ogolla wiedertreffe. Mit Hautausschlag an den Armen und auch ansonsten gezeichnet von der Bleivergiftung hockt der Dorfälteste in Anastasias Wohnzimmer. Sie hatte ihm erzählt, dass ich sie heute besuchen würde. »Phyllis«, sagt er in ungewohnt weichem Tonfall. »Im Namen der Männer von Owino Uhuru möchte ich dich heute Abend zu einer Versammlung einladen.«

Ich traue meinen Ohren kaum. Eine Versammlung der Männer? Wollen sie mir die Leviten lesen? Vielleicht geben sie mir ja die Schuld für die Massenentlassung.

»Okay«, sage ich zögerlich. »Aber Anastasia begleitet mich.«

»Nein. Die Versammlung ist ausschließlich für Männer. Keine weiteren Frauen außer dir«, insistiert er.

»Ja, und was soll ich dann dort?«

Ich bekomme von Ogolla keine Antwort. Aber er bittet mich noch einmal dringlich und mit ausgesuchter Höflichkeit, die Einladung nicht auszuschlagen. Es gebe ein sehr ernsthaftes Thema zu besprechen.

In der Dämmerung mache ich mich auf den Weg zum zentralen Versammlungsplatz. Tatsächlich ist keine einzige Frau in den Gassen von Owino Uhuru zu sehen: Sie haben striktes Verbot, sich zu nähern – und halten sich offenbar auch daran. Meine Neugierde wächst.

Respektvoll öffnen sich die Reihen, als ich mich nähere. »Danke, dass du gekommen bist, Phyllis«, sagt Ogolla. »Wir wissen, dass du uns schon lange vor den negativen Effekten der Metal Refinery gewarnt hast. Und alle deine Warnungen haben sich bewahrheitet. Daher gehen wir davon aus, dass du wirklich weißt, wovon du sprichst.«

»Danke«, sage ich und bin ergriffen: Endlich scheinen die Männer zur Vernunft zu kommen. Wenn die Bewohner von Owino Uhuru endlich geschlossen agieren und an einem Strang ziehen, kann das unserem Kampf nur guttun. Aber warum die Geheimniskrämerei?

»Wir wollten dir eine Sorge anvertrauen, die uns alle umtreibt«, sagt Ogolla und räuspert sich. Es scheint ihm wirklich nicht leichtzufallen, das auszusprechen, was er sagen will. Gespannt sehe ich ihn an.

»Tja, also ..., wir wollten dich fragen, ob es sein kann, dass die Metal Refinery für die Impotenz vieler Männer im Ort verantwortlich ist und was man dagegen unternehmen kann.«

Ogolla schießt das Blut in den Kopf. Die anderen Männer starren verlegen zu Boden. Und ich bekomme vor lauter Überraschung den Mund nicht mehr zu. Mühsam versuche ich, mir mein Erstaunen nicht anmerken zu lassen.

»Hm, ja, das könnte sein«, sage ich betont gelassen. »Wir sollten einen Arzt zurate ziehen.«

»Das ist eine gute Idee.«

»Ich werde das organisieren: Zu eurer nächsten Versammlung laden wir einen Experten ein, der mit der Materie vertraut ist und euch Ratschläge geben kann.«

»Ja, das wäre sehr hilfreich«, sagt Ogolla. In seinen Augen sehe ich Dankbarkeit und Erleichterung. Wahrscheinlich hatte er geglaubt, ich würde mich über ihn und die anderen Männer lustig machen. Es muss ihm unglaublich schwergefallen sein, mich in ihre Sorgen einzuweihen. Für mich ist es ein großer Vertrauensbeweis.

Ausgestattet mit diesen Informationen, wird mir nun auch klar, was sich hinter jenen Klagen verbirgt, die ich bislang nur aus der Perspektive der Frauen gehört hatte. Denen war die vermeintliche Lustlosigkeit ihrer Ehemänner nämlich bereits aufgefallen. »Manchmal glaube ich, er hat eine Geliebte«, hatte mir Anastasia kürzlich erzählt. »Er will überhaupt nicht mehr mit mir schlafen. Wie soll ich ihm da noch vertrauen?«

Auch andere Frauen hatten sich bei mir beschwert. Viele bemängelten, dass ihre Männer abends gar nicht mehr nach Hause kämen. Auf die Idee, dass sie Potenzprobleme hatten, es ihnen darum ging, eine peinliche Situation im Ehebett zu vermeiden, waren sie natürlich nicht gekommen: Für viel wahrscheinlicher hielten die Frauen es, dass ihre Männer sie betrogen. Sogar Scheidungen wurden deswegen schon in Erwägung gezogen.

»Ihr müsst mit den Frauen darüber reden!«, sage ich zu Ogolla.

»Nein, auf keinen Fall«, antwortet er kategorisch. »Du musst unbedingt Stillschweigen darüber bewahren, Phyllis. Versprichst du das?« Seine Stimme klingt fast panisch.

»Okay.« Erst einmal bleibt mir wohl nichts anderes übrig. »Ich werde versuchen, einen Arzt für euch zu finden«, versichere ich erneut. Vielleicht kann der sie ja besser als ich von der Notwendigkeit eines offenen Gesprächs überzeugen.

Zu sehen, wie sehr auch die Männer leiden, stimmt mich ihnen gegenüber milde, und ich will ihnen wirklich helfen. Trotzdem fordere ich eine Gegenleistung. »Wenn ich einen Arzt auftreiben kann, seid ihr dann bei der nächsten Demo mit dabei?«

»Selbstverständlich«, ertönt es von überall.

* * *

Seit die Männer sich mit uns solidarisiert haben, ist die Stimmung in Owino Uhuru besser, trotz der stetig steigenden Zahl an Krankheitsfällen. Männer, Frauen und Kinder sind gleichermaßen betroffen. Aber wenigstens ziehen die Bewohner des Slums jetzt an einem Strang.

Die Blockade des Highways entpuppt sich dabei als unser effektivstes Machtinstrument. Allein sie scheint die Kraft zu besitzen, die Politiker und die Behörden aus ihrem Tiefschlaf zu wecken und zumindest so zu tun, als würden sie sich für die Probleme der Menschen im Slum interessieren. Zwischen den Jahren 2010 und 2012 legen wir den Highway mindestens ein Dutzend Mal lahm – und rund ein Dutzend Mal wird die Metal Refinery daraufhin vorübergehend geschlossen.

Doch auch die Repressionen nehmen zu. Die Polizei versucht, uns Aktivisten mit allen nur erdenklichen Mitteln einzuschüchtern; vor allem mich hat sie auf dem Kieker. Fast täglich erhalte ich auf dem Handy anonyme Anrufe von Personen, die mir alles Mögliche androhen, sollte ich mein Engagement nicht aufgeben. »Du bist sehr klein. Du solltest dich nicht mit den Großen anlegen«, sagen die Männerstimmen. Oder sie fragen: »Wie wäre es, wenn du die nächsten Jahre hinter Gitter verbringst? Willst du deinem Sohn das wirklich zumuten?«

Solche Ansagen verfolgen mich. Manchmal wache ich nachts schweißgebadet auf und frage mich, was aus King werden soll, falls meine Gegner es tatsächlich schaffen, mich wegzusperren. Seine Gesundheit ist jetzt zwar einigermaßen stabil, aber er ist nicht so schnell wie andere Vierjährige; das Blei vermindert seine Reaktionsfähigkeit und macht ihn träge. King braucht mich, Silas könnte die Pflege nicht alleine stemmen.

Auch meine Geschwister reden mir ins Gewissen und erinnern mich an meine Verantwortung King gegenüber. »Du hast einen Sohn, Phyllis«, sagte Silas kürzlich zu mir. »Kümmere dich lieber um ihn. Was hast du mit diesen Menschen zu schaffen?« Silas und Susan meinen, dass mich die Leute von Owino Uhuru fallen lassen werden, sollte ich ernsthaft in Schwierigkeiten geraten. »Die werden dich kaum rausboxen.« Das alles ist nicht sehr ermutigend. Trotzdem versuche ich, meinen Optimismus nicht zu verlieren.

Im Sommer 2012 planen wir erneut eine Großdemonstration. Die Situation ist angespannt, da beide Seiten jetzt mit härteren Bandagen kämpfen. Schon im Vorfeld liefern wir uns ein anstrengendes Katz-und-Maus-Spiel mit der Polizei, die strikte Anweisung hat, eine weitere Blockade des Highways zu verhindern.

Als ich früh am Morgen des Protesttages aufwache, habe ich ein mulmiges Gefühl. Ich spreche ein Gebet. »Herr, lass mich heute Abend heil zu King nach Hause kommen«, bitte ich. Da sowohl mein Bruder als auch meine Schwester keine Zeit haben, auf ihn aufzupassen, muss ich meinen Jungen in der Obhut der Nachbarn lassen.

Ich nehme nicht den Bus in die Siedlung, weil die Polizei vermutlich im öffentlichen Nahverkehr nach mir Ausschau hält. Stattdessen habe ich Henry, der mittlerweile ein kleines Taxi-Unternehmen eröffnet hat, gebeten, mir eines seiner Autos zu leihen. Damit fahre ich zum Haus eines Freundes. Ich betrete es durch die Vordertür und verlasse es durch die Hintertür, wo bereits ein Motorrad auf mich wartet. Der Fahrer, ein Junge aus Owino Uhuru, fährt mich in die Siedlung, ohne dass es jemand bemerkt.

Dort werde ich begrüßt wie ein Popstar. Trotz der frühen Stunde ist bereits der gesamte Slum auf den Beinen. Die Frauen haben einen großen Kessel Tee gekocht und verteilen frisch gebackene Mandazis, süße Weizenkuchen, die ganz wunderbar duften und mir das Wasser im Mund zusammenlaufen lassen.

Nachdem wir uns gestärkt haben, ziehen wir los. Mehrere Hundert Frauen und Männer schieben sich durch die Gassen. Dass wir jetzt so viele sind, verleiht uns ein Gefühl der Stärke. Trotzdem bin ich unruhig. Aus irgendeinem Grund ahne ich, dass jeden Moment etwas passieren könnte.

Und dann erschrecke ich doch fürchterlich, als ich auf einmal laute Motoren- und Sirenengeräusche hinter uns höre. Die Metal Refinery hat ihr Werkstor geöffnet, zehn riesige Mannschaftswagen donnern heraus. Verdammt! Sie müssen die ganze Nacht dort gestanden und auf uns gewartet haben. Irgendjemand hat uns verpfiffen.

Die Menge birst auseinander. Die Menschen geraten in Panik und schreien, während die Polizisten sie verfolgen. Wahllos halten sie die Leute fest.

Da ich mir sicher bin, dass sie in Wirklichkeit hinter mir her sind, treffe ich spontan eine Entscheidung. »Ich bin hier!«, brülle ich. »Ich stelle mich freiwillig – lasst die Leute in Frieden!«

Sofort umringt mich ein halbes Dutzend Polizisten. Ich strecke ihnen meine Hände hin, damit sie mir Handschellen anlegen können. Sie ketten mich an einen ihrer Wagen. Nachdem sie mich außer Gefecht gesetzt haben, wenden sie sich erneut meinen Mitstreitern zu.

»Was soll das?«, protestiere ich. »Ich habe mich doch ergeben!« Aber niemand hört mir zu.

Insgesamt werden an diesem Morgen außer mir 17 Aktivisten festgenommen. Die Polizisten bringen uns nach Changamwe, einer Polizeiwache, die mehrere Kilometer von Owino Uhuru entfernt ist. Dort werde ich in eine dunkle Zelle gesperrt.

Meine schlimmsten Befürchtungen sind wahr geworden. Jeder vernünftige Mensch hatte mir prophezeit, dass es irgendwann so weit kommen würde. »Die werden dich kaum rausboxen, wenn du in Schwierigkeiten steckst«, höre ich die Warnung meines Bruders – und mache mir große Vorwürfe: Wie konnte ich nur so dumm sein und nicht auf ihn hören?

Die Stunden vergehen quälend langsam. Ich fühle mich allein und hilflos. Ängstlich lausche ich den Geräuschen, die durch die Zellentür zu mir dringen: Türenknallen, Männerstimmen, Motorenknattern. Immer wieder Schritte, die sich mir zu nähern scheinen. Ich versuche, mich gegen alles, was jetzt kommen mag, zu wappnen.

Irgendwann, mitten in der Nacht, vernehme ich erneut Schritte. Es sind die schweren Schritte mehrerer Männer. Mein Herz klopft bis zum Hals, als ich das Rasseln des Schlüsselbundes an meiner Zellentür vernehme. Die Tür öffnet sich, und das Neonlicht auf dem Flur blendet mich, während ich einer Gruppe Polizisten entgegenblicke. Einer von ihnen greift nach meinen Händen; ein Paar Handschellen schnappen zu. »Mitkommen«, befiehlt der Mann.

Die Polizisten geleiten mich durch den Flur in die Amtsstube. »Wo bringt ihr mich hin?«

»Nach Mombasa, zu deiner Gerichtsverhandlung.«

Draußen ist es noch dunkel. Nach dem grellen Licht in den Gefängnisfluren habe ich Mühe, im Dunkeln nicht zu straucheln.

Doch sobald sich meine Augen daran gewöhnt haben, sehe ich, dass rund um die Wache schlafende Menschen liegen. Es sind Hunderte! Wer sind diese Leute?

Als die Polizisten versuchen, mich durch die Menge zu lotsen, hebt einer von ihnen den Kopf. »Phyllis, bist du das?«, fragt der Mann, den ich als einen Bewohner von Owino Uhuru erkenne. Im selben Moment begreife ich: Die Campierenden sind alle aus Owino Uhuru. Sie haben mich nicht allein gelassen, sie waren die ganze Zeit über da. Aber jetzt wollen sie mich heimlich von hier wegschaffen, solange die Menschen noch schlafen. Den Gefallen werde ich ihnen natürlich nicht tun. »Sie bringen mich nach Mombasa, zum Gericht!«, rufe ich, so laut ich kann.

»Willst du wohl still sein?!«, zischt einer der Polizisten.

Doch da ist es schon zu spät: Die Menge ist erwacht. »Habt ihr das gehört? Sie bringen Phyllis nach Mombasa!«, wiederholt eine Frau meine Nachricht mit lauter Stimme.

»Auf nach Mombasa!«, tönt eine andere.

»Mach dir keine Sorgen, Phyllis!«, vernehme ich Frauen- und Männerstimmen von allen Seiten. »Wir werden dir folgen. Wir lassen dich nicht alleine!«

Meine Unterstützer umringen das Polizeifahrzeug, in das ich verfrachtet werde. Sie können nicht verhindern, dass der Wagen losfährt. Aber sie haben dafür gesorgt, dass ich jetzt keine Angst mehr habe, denn ich weiß: Die Menschen von Owino Uhuru halten zu mir, sie werden mich nicht im Stich lassen, egal, was passiert.

* * *

Der Gerichtssaal ist rappelvoll, als die Verhandlung beginnt. Mehrere Hundert Menschen drängen sich bis auf die Flure hinaus. Ich betrachte ihre Gesichter, es sind Bewohner Owino Uhurus: Meine Unterstützer sind mir zu Fuß bis zum Gerichtsgebäude gefolgt.

Auch meine Schwester entdecke ich in der Menge. Susan weint; das tut sie immer, wenn sie überfordert ist. Trotzdem bin ich unglaublich froh, sie zu sehen. Sie kämpft sich zu mir durch und stellt mir einen Mann im Nadelstreifenanzug vor: »Herr Simaiye Odouri ist dein Rechtsanwalt«, sagt sie. Wie hat sie das nur geschafft?

»Phyllis Omido und 17 weitere Aktivisten werden beschuldigt, eine illegale Versammlung abgehalten und zur Gewalt aufgerufen zu haben«, verliest ein ältlicher Richter wenig später die Anklage.

Im Gerichtssaal wird ein Murren laut. Und auch ich bin erschrocken. Was sollen diese Anschuldigungen? Richtig ist, dass unsere Demonstration nicht genehmigt war. So weit kann ich den Vorwürfen noch folgen. Aber zur Gewalt haben wir zu keinem Zeitpunkt aufgerufen. Ich will bereits zu meiner Verteidigung ansetzen. Doch Herr Odouri gibt mir ein Zeichen, dem ich entnehme, dass ich den Mund halten soll.

»Die Verteidigung beantragt, die Angeklagten bis zur Hauptverhandlung gegen Kaution freizulassen«, sagt er. Ich muss gestehen, dass mir der Kerl nicht besonders sympathisch ist. Aber vermutlich versteht er mehr von Gerichtsverhandlungen als ich.

Der Richter jedenfalls geht auf seine Forderung ein. Er verlangt eine Summe von 30 000 Shilling. Meine Schwester schlägt die Hände über dem Kopf zusammen. Aber Herr Odouri scheint damit ganz zufrieden zu sein und signalisiert dem Richter seine Zustimmung. Daraufhin schlägt der mit dem Hammer auf sein Pult. »Sie haben bis heute Nachmittag um vier Uhr Zeit, das Geld einzuzahlen.«

Meine arme Schwester, sie tut mir wirklich leid: Während ich erneut in Handschellen abgeführt werde, klappert sie sämtliche Freunde und Verwandte von uns ab, um das Geld zusammenzubekommen. Ich habe ein total schlechtes Gewissen deshalb. Wenn ich ihr nur irgendwie helfen könnte! Aber ich kann gar nichts tun, mir sind buchstäblich die Hände gebunden. Ich kann nur in meiner Zelle hocken und hoffen, dass sie es irgendwie schafft.

Gegen Mittag werde ich darüber informiert, dass meine Kaution bezahlt worden ist. Innerlich stoße ich einen Jubelschrei aus, als ich erneut in den Gerichtssaal geführt werde. Aber als der Richter den Wachleuten befiehlt, mir die Handschellen abzunehmen, kommt mir ein Gedanke. »Und die anderen?«, frage ich. Ich kann keinen von ihnen im Saal sehen. »Was ist mit meinen Mitstreitern?«

»Die kommen nur frei, wenn sie ebenfalls die 30 000 Shilling bezahlen.«

»Jeder von ihnen?!« Ich schnappe nach Luft. »Aber das ist unmöglich! Es ist zu viel für die Leute von Owino Uhuru!«

Der Richter zuckt gleichgültig mit den Schultern. Das kann ich nicht hinnehmen. »Dann bleibe ich auch hier!«, verkünde ich. »Entweder wir gehen alle zusammen – oder keiner.« Ich kann nicht gehen, solange meine Mitstreiter hinter Gitter sind. Das wäre der Todesstoß für unseren Kampf.

Zurück in meiner Zelle, erfasst mich Verzweiflung. Habe ich mich gerade freiwillig entschieden, ins Gefängnis zu gehen? Nachdem Susan extra das Geld für mich aufgetrieben hat? Ich muss von allen guten Geistern verlassen sein. Mein armer Sohn, meine arme Familie. Ich mache mir schreckliche Vorwürfe, was ich ihnen alles zumute.

Die nächsten Stunden vergehen quälend langsam. Als um vier Uhr nachmittags die Frist für die Kautionszahlungen abgelaufen ist und ich erneut in den Gerichtssaal geführt werde, erwarte ich nichts Gutes. Diesmal sind auch meine Mitstreiter anwesend, sie wirken ebenfalls niedergeschlagen. Wahrscheinlich wird man uns gleich mitteilen, dass wir alle bis auf Weiteres im Gefängnis schmoren werden. Aber dann geschieht zu meiner Überraschung genau das Gegenteil. »Sie sind alle auf Kaution freigelassen«, verkündet der Richter.

»Was?«, entfährt es mir. Ich kann es kaum glauben. Ob Susan auch das bewerkstelligt hat?

»Bedanke dich bei Henry«, sagt sie, als wir gemeinsam das Gerichtsgebäude verlassen. »Dein Freund hat dem Richter die Papiere seines neuen Wagens als Pfand überlassen.« Na, das ist ja gerade noch mal gut gegangen.

∗ ∗ ∗

Endlich zurück zu Hause, mache ich mich auf die Suche nach King. Ich finde ihn versteckt unter seiner Bettdecke. Nur zögerlich lässt er es zu, dass ich mich ihm nähere.

»Was ist los, King?«

Er schaut mich misstrauisch an. »Mama, bist du eine schlechte Person?«, fragt er.

»Aber King, wie kommst du denn auf so etwas?«

Mein Sohn rückt nicht sofort mit der Sprache heraus. Erst durch hartnäckiges Nachfragen gelingt es mir, ihm zu entlocken, dass bei den Nachbarn, die gestern auf ihn aufgepasst haben, abends der Fernseher gelaufen ist. Der Nachrichtensprecher hat verkündet, dass ich verhaftet wurde und die Nacht im Untersuchungsgefängnis verbringen würde.

»Die Nachbarn haben über dich gesprochen«, sagt King. »Sie fanden nicht gut, was du tust.«

»Tja, so ist das manchmal, dass andere Leute etwas nicht gut finden. Aber deshalb ist man doch kein schlechter Mensch.« Ich ringe um eine Erklärung. Wie soll ich King nur begreiflich machen, wofür wir kämpfen?

Wie ich nach und nach erfahre, haben nicht nur die Nachbarn sich kritisch über meine Aktivitäten geäußert: Auch meine Großmutter hatte angerufen, nachdem sie die Nachrichten gesehen hatte, und von meinen Geschwistern gefordert, mich zurück zu ihr aufs Land zu schicken, damit ich den Namen unserer Familie nicht weiter beschmutze. Das alles hat King irgendwie mitbekommen.

»Ist die Polizei böse?«, versucht er, die Dinge für sich zu sortieren.

»Nein, die Polizei ist auch nicht böse. Sie hat mich nur festgehalten, weil sie herausfinden musste, wie alles abgelaufen ist. Deshalb musste ich die Nacht über dortbleiben. Ich habe dich so vermisst! Du mich auch?«

»Ja«, sagt er. Aber ich merke, dass er immer noch skeptisch ist. Er braucht eine Person, die für ihn die Welt wieder geraderückt, aber diese Person bin nicht ich. Ich rufe Pastor Oudor an. Er ist der Pfarrer meiner Kirchengemeinde und war in schwierigen Situationen immer für mich da. Der sanfte ältere Mann ist sofort bereit, mich und King in der Kirche zu empfangen. Noch am selben Abend suchen wir ihn auf.

»Hallo, junger Mann!«, begrüßt der Pastor meinen Sohn. »Wollen wir uns ein bisschen unterhalten?«

King nickt. Er kennt den Pastor von den Gottesdiensten und weiß, dass er eine Respektsperson ist. Dass er mit ihm alleine sprechen will, empfindet er als eine Auszeichnung. Ich ziehe mich zurück, damit die beiden ungestört sind.

»Deine Mama ist eine sehr mutige Frau«, höre ich den Pastor sagen. »Die Menschen, die sie stoppen wollen, sind böse. Sie benutzen die Polizisten für ihre bösen Absichten. Doch irgendwann wird die Wahrheit herauskommen.«

»Aber man darf nichts tun, was die Polizei verbietet«, wendet King ein.

»Doch. Wenn man genau weiß, dass man das Richtige tut, dann schon«, korrigiert ihn der Pastor. »Wenn man sich ganz sicher ist, dass man für die richtige Seite kämpft. Und das tut deine Mama: Sie hilft armen und kranken Menschen, denen sonst keiner hilft. Deshalb musst du sie dabei unterstützen!«

Ich bin ganz gerührt, während ich dem Gespräch der beiden von einem der hinteren Kirchenbänke aus lausche. Pastor Oudor trifft genau den richtigen Ton. »Wollen wir Gott darum bitten, dass er immer seine Hand über deine Mama hält und sie beschützt?«, fragt er. Und dann betet er mit King.

Nach dem Gespräch ist mein Sohn wieder halbwegs versöhnt mit mir. Zumindest darf ich seine Hand halten, als wir die Kirche verlassen und durch die dunklen Straßen zurück zur Wohnung gehen. Für mich selbst ist es durch die Worte des Pastors noch dringlicher geworden, den Kampf zu gewinnen – schon um King zu zeigen, dass er die Wahrheit gesagt hat. Ich will, dass er nicht mehr den geringsten Zweifel daran hegt, dass seine Mutter auf der richtigen Seite steht.

✳ ✳ ✳

Schon von Weitem sehe ich die beiden Männer vor dem Tor stehen, als wir uns unserem Haus nähern. Nanu, denke ich: Haben die Nachbarn etwa Wachleute engagiert, weil sie sich aufgrund meiner Aktivitäten nicht mehr sicher fühlen? Normalerweise ist das äußere Tor zwar stets verschlossen, wird aber nicht eigens bewacht.

»Guten Abend«, grüße ich. Da tritt einer der beiden ganz nah an mich heran und zeigt mir die Kalaschnikow, die er unter seiner Jacke trägt. Mein Herz schlägt bis zum Hals. Es sind Kriminelle! Instinktiv hebe ich die Hände hoch. »Tut uns nichts!«, rufe ich. »Ich gebe euch alles, was ich habe!«

Ich reiche ihnen meine Handtasche, aber die interessiert sie überhaupt nicht. Einer der Männer schlägt mir mit voller Wucht ins Gesicht. Da weiß ich, dass sie keine normalen Diebe sind: Sie sind gekommen, um mich fertigzumachen. »Bitte lasst meinen Sohn aus dem Spiel!«, flehe ich sie an. »Er ist noch ein Kind, lasst ihn ins Haus gehen. Danach könnt ihr mit mir machen, was ihr wollt.«

Sie halten inne. Ich nutze den Moment ihrer Unentschlossenheit und öffne das Tor. Unsanft schubse ich King hinein. Dann schlage ich die Tür zu und werfe die Schlüssel auf die andere Seite, wo King jetzt lauthals zu schreien beginnt. Aber ich bin erleichtert: Selbst wenn sie mich jetzt töten, weiß ich ihn dort vor ihnen in Sicherheit.

Im nächsten Moment spüre ich den Hieb der Kalaschnikow auf meinem Hinterkopf. Ich taumele. Im Fallen sehe ich, dass die Angreifer geschnürte Stiefel tragen. Stiefel, wie sie sonst nur die Polizei trägt. Sind das etwa Polizisten – oder ehemalige Polizisten? Einer der beiden drückt mir mit dem Stiefel das Gesicht auf den Boden. »Wir haben gehört, was für eine Person du bist«, sagt er und setzt den Lauf seiner Kalaschnikow in meinen Nacken. »Bist du bereit zu sterben?«

»Maaama!«, schreit King hinter dem Tor. Ich kann an nichts anderes denken, als dass ihm nichts passieren möge. Da höre ich auf einmal Motorenlärm. Die Männer halten inne. »Wenn du sterben willst, ruf die Polizei«, warnt mich einer der Typen und drückt mir das Gewehr noch einmal extra fest in den Nacken. Dann lassen die Männer von mir ab und suchen das Weite.

Mühsam rapple ich mich hoch. Die Motorengeräusche kommen näher, ein Auto hält. Es ist mein Nachbar, der das Fenster herunterkurbelt. »Was machst du denn hier?«, ruft er mir zu. »Willst du auf der Straße übernachten, Phyllis?« Ich kann seine Alkoholfahne riechen, er ist sturzbetrunken.

»Nein, ich habe nur meine Schlüssel vergessen«, sage ich. Auf der anderen Seite des Tores schreit King noch immer wie am Spieß.

»Haha, da geht es dir wie mir! Ich habe auch keinen Schlüssel dabei!« Der Nachbar ruft seine Frau an, die wenig später aus dem Haus kommt. »Was ist denn hier los?«, fragt sie, als sie das schreiende Kind auf der einen und mich und ihren Mann auf der anderen Seite des Tores sieht. Aber ich bin nicht in der Lage zu antworten. King stürzt in meine Arme. Ich nehme den Jungen hoch und laufe, so schnell ich kann, davon.

KAPITEL 6

Auf der Flucht

Ich weiß nicht, wie viel Zeit vergangen ist, ich weiß auch nicht, wohin ich in meiner Panik gerannt bin. Henry findet uns trotzdem; ihn habe ich als Ersten verständigt. Ich reiße die Tür zu seinem Taxi auf. »Bring mich bloß weg von hier!«, bitte ich ihn, noch völlig außer Atem.

»Was ist denn passiert?«

»King und ich wurden überfallen. Sie wollten mich … Ich glaube, sie wollten …«

»Ist schon gut, Phyllis«, unterbricht mich Henry mit Blick auf den Jungen. »Jetzt beruhig dich erst mal, ich bringe euch zu deiner Wohnung.«

»Nein, nein, bloß nicht. Dorthin gehe ich nicht mehr. Nie wieder!« Die Männer – wer auch immer sie waren – kennen schließlich meine Adresse, sie können jederzeit wiederkommen.

»Wohin soll ich dich dann bringen?«

Ich überlege. Henry kann ich nicht um Asyl bitten, er und seine Frau haben drei Kinder und keinen Platz für zwei Gäste. Aber meine ehemalige Nachbarin vielleicht: Dorkas ist vor einem halben Jahr mit ihrer Tochter Clare in einen kleinen Ort außerhalb von Mombasa gezogen, weil sie dort einen neuen Job bekommen hat: Eine Hilfsorganisation, die die Schulbildung von Mädchen fördert, hat sie zur stellvertretenden Direktorin berufen. Damals hatte sie mir explizit angeboten, dass ich jederzeit zu ihr kommen könnte, wenn ich in Schwierigkeiten stecken sollte. »Nimm die Straße stadtauswärts«, sage ich daher zu Henry, »und dann fahr immer an der Küste entlang in Richtung Norden.«

Eine Stunde später stehen wir vor Dorkas' Tür. Dass ich ihr Angebot so wörtlich nehmen würde, dachte sie vermutlich nicht. Aber als ich von den zwei Männern mit den Polizeistiefeln berichte, weiß sie, dass die Sache ernst ist. »Das ist dein Haus, Phyllis«, sagt sie und bereitet mir und King auf ihrem Gästebett ein Lager für die Nacht.

Aber King ist so verängstigt, dass wir nicht auf dem Bett, sondern darunter schlafen. Mit dem heruntergezogenen Bettlaken bastle ich uns eine Höhle, in der wir uns eng aneinanderschmiegen. Ich streichele King über den Kopf und flüstere ihm zu, dass er keine Angst zu haben braucht, weil uns hier bestimmt niemand findet. Irgendwann schläft er ein und verfällt in unruhige Träume. Ich selbst kann die ganze Nacht über kein Auge zutun.

Am nächsten Morgen ist Dorkas bereits auf dem Sprung, als ich in die Küche komme. Sie begrüßt mich mit frisch gebrühtem Kaffee und drückt mir einen Stoß Kleider zum Wechseln in die Hand, außerdem einen Schlüssel für ihre Wohnung. Dann muss sie Clare zur Schule bringen und selbst zur Arbeit.

Ich bedanke mich für die Schlüssel, auch wenn ich überhaupt kein Bedürfnis verspüre, vor die Tür zu gehen. Ich bin so verunsichert, dass ich überhaupt nicht weiß, wie es jetzt weitergehen soll. In meiner Ratlosigkeit rufe ich erneut Pastor Oudor an. Er ist schockiert, als ich ihm erzähle, was passiert ist. »Du solltest erst einmal nicht zurück nach Mombasa kommen«, rät er mir. »Es ist zu gefährlich. Kannst du eine Weile dortbleiben, wo du jetzt bist?«

»Ja, ich bin in …«

»Nein, ich will es gar nicht wissen«, unterbricht er mich, »jedenfalls nicht über diese Leitung. Hast du noch genug Geld für eine neue SIM-Karte?«

In meiner Hosentasche finde ich genau 200 Shilling, das müsste reichen. Ansonsten bin ich völlig blank: Ich habe weder Papiere noch eine Bankkarte bei mir.

»Dann besorg dir jetzt erst mal die neue Karte und ruf mich danach wieder an.«

Nachdem auch King wach ist und wir beide Toastbrot mit Marmelade gefrühstückt haben, mache ich uns fertig: Ich ziehe ein Kleid von Dorkas an und King ein viel zu großes T-Shirt von ihrer Tochter Clare. Dann gehen wir in Richtung Ortszentrum, auf der Suche nach einem Laden, der SIM-Karten verkauft.

»Kenne ich Sie nicht?«, fragt der Verkäufer und sieht mich prüfend an.

»Warum, woher?«

»Na, aus dem Fernsehen!«

Ein Schreck durchfährt mich. Ich wünschte, ich hätte mir von Dorkas eine Sonnenbrille geliehen.

»Nein, Sie müssen mich verwechseln.«

»Aber du warst doch im Fernsehen, Mama!«, schaltet sich King ein.

»Papperlapapp!« Kaum halte ich die SIM-Karte in Händen, zerre ich den Jungen aus dem Laden.

»Keiner darf wissen, dass wir hier sind! Das ist ein Geheimnis«, beschwöre ich ihn, als wir außer Hörweite sind. Es wäre fatal, wenn sich unsere Anwesenheit hier herumspricht – nicht nur für unsere, sondern auch für Clares und Dorkas' Sicherheit.

Als ich mit King von der Hauptstraße abbiegen will, fällt mir ein Wagen auf, der ungewöhnlich langsam fährt. Ich schaue genauer hin: Es ist ein grüner Mitsubishi-Lancester. Genauso einen Wagen fährt auch Manan Shah von der Metal Refinery. Panik steigt in mir auf. Sucht er mich etwa?

»Wir müssen jetzt ganz schnell laufen. So schnell du kannst«, sage ich zu King und fasse ihn fest an der Hand. Dann renne ich mit ihm los. King ist nicht der Schnellste, ich schleife ihn eher hinter mir her. Ich habe ein unglaublich schlechtes Gewissen, den Kleinen so durch die Straßen zu scheuchen. Aber meine Angst ist noch größter. »Los, King. Du kannst noch schneller, das weiß ich!«, treibe ich ihn vorwärts. »Gleich haben wir es geschafft!«

King ist völlig am Ende, als wir bei Dorkas ankommen. Eilig schließe ich die Tür auf und schubse ihn in die Wohnung. »Was war denn los, Mama?«, jammert er, während ihm Tränen über die Wangen rollen.

»Nichts, mein Kleiner.« Ich nehme ihn in den Arm und wiege ihn. »Mami hat sich nur erschrocken …« Ich versuche mir einzureden, dass ich mich vielleicht tatsächlich nur erschrocken habe: Schließlich gibt es außer Herrn Shah noch andere Menschen, die so ein Auto fahren. Aber King kann ich nichts vormachen.

»Waren da wieder die bösen Männer?«, fragt er.

»Nein, alles in Ordnung. Niemand ist hier.«

* * *

Nach diesem Vorfall verbarrikadiere ich mich in Dorkas' Wohnung. Ich bin so verängstigt, dass ich das Haus eine Zeit lang gar nicht mehr verlasse. In Mombasa weiß immer noch niemand, wo wir sind. Nicht einmal meinen Geschwistern habe ich unser Versteck verraten. Henry und Pastor Oudor sind die Einzigen, mit denen ich Kontakt halte. Der Pastor überweist mir tätlich 300 Shilling auf mein Handy. Ich habe ihn nicht darum gebeten, er macht es einfach. Von diesem Geld bestreite ich unsere Unkosten bei Dorkas und leiste mir hin und wieder eine neue SIM-Karte. Denn nur ein ständiger Wechsel verhindert, dass meine Gegner mich finden.

Nach Mombasa zurück muss ich, als die Vorladung des Gerichts kommt, von der ich abermals durch Pastor Oudor erfahre, der Kontakt zu meinem Bruder Silas hält. Ich nehme den Bus in die Stadt. Nach der Zeit der Abgeschiedenheit fühlt es sich ungewohnt an, wieder von so vielen Leuten umgeben zu sein.

Im Gerichtsaal treffe ich erstmals meine Mitstreiter wieder. Die Menschen aus Owino Uhuru begrüßen mich wie eine Heldin. Zu meiner Überraschung sitzen auf der Anklagebank nicht nur jene 17 Männer und Frauen, die mit mir verhaftet worden waren. Auch Anastasia und einige andere sind darunter.

»Was geht hier vor?«, frage ich sie im Flüsterton. »Was machst du hier? Du wurdest doch überhaupt nicht verhaftet!«

»Ja«, flüstert sie zurück. »Sei lieber still. Viele der Angeklagten haben es mit der Angst zu tun bekommen, sie sind einfach abgehauen.«

»Und da habt ihr sie ausgetauscht?« Nervös sehe ich mich um, um mich zu vergewissern, dass mich auch wirklich niemand gehört hat.

Sie nickt unauffällig. »Genau. Sonst wäre unser Prozess ja bereits von vornherein verloren. Wenn der Richter wüsste, dass einige der Angeklagten fehlen, hätten wir keine Chance.«

Dann werden die Namen der Angeklagten aufgerufen, einer nach dem anderen. »Anwesend«, behauptet Anastasia, als der Name ihrer Nachbarin ertönt. Ich kann kaum meine Bewunderung für diesen mutigen Schritt verbergen: Es beeindruckt mich zutiefst, dass sie einfach so den Platz einer anderen Person eingenommen hat – folglich auch für sie ins Gefängnis gehen wird, falls wir verurteilt werden. Außer ihr haben sich fünf weitere Aktivisten zu dieser Scharade bereit erklärt. Ich bete, dass wir nicht auffliegen.

Die Hauptverhandlung beginnt mit einem Frontalangriff gegen mich: Der Staatsanwalt wirft mir vor, die Menschen von Owino Uhuru zur Gewalt angestachelt zu haben. »Ohne Frau

Omidos Hetze wäre die Situation dort nicht derart eskaliert«, behauptet er.

»Erstens habe ich niemanden dazu aufgefordert, Gewalt anzuwenden. Und zweitens wurde bei den Protesten von unserer Seite aus auch keine Gewalt angewendet«, setze ich zu meiner Verteidigung an. Aber der Rechtsanwalt, Herr Odouri, bedeutet mir, mich zu setzen. Meine Äußerungen scheinen nicht in seine Strategie zu passen. Er verdammt mich dazu, stumm zuzuhören, während mehrere Zeugen aufgerufen werden, die die Vorwürfe gegen mich bestätigen: Ein Polizist etwa sagt aus, dass ich in Anastasias Haus mit einer Pistole hantiert hätte, bevor ich zur Demonstration ging. Seine Kollegen bestätigen die Aussage.

Jetzt kann ich nicht länger an mich halten. »Das ist völliger Unsinn!«, platze ich heraus. »Ich habe noch nie eine Waffe in Händen gehalten.«

Erneut wirft mir der Anwalt einen missbilligenden Blick zu. Er bemüht sich, auf die Anschuldigungen einzugehen, indem er genau nachfragt, wann die Polizisten diese Szene beobachtet hätten. Trotzdem habe ich das Gefühl, dass er nicht richtig hinter mir steht. Vielleicht ist ihm das Honorar, das er von uns erhält, zu mickrig, um sich wirklich ins Zeug zu legen. Oder er bekommt von jemand anderem eine höhere Summe und agiert eher in dessen Sinne. Aber vielleicht machen das Anwälte nun einmal so, versuche ich, diesen nagenden Verdacht beiseitezuschieben.

Doch leider erhärtet der sich bald. Bei unserer nächsten Verhandlung glänzt Herr Odouri durch Abwesenheit. Als ich ihn anrufe, um zu fragen, wo er bleibt, nimmt er nicht ab. »Verdammt, was soll das?«, sage ich zu Anastasia. Wenig später erhalte ich eine SMS von ihm. »Ich bedaure Ihnen mitteilen zu müssen, dass ich ab sofort als Rechtsbeistand für die Metal Refinery tätig bin und Ihre Angelegenheit aufgrund der offensichtlichen Interessenkonflikte beider Seiten für unbestimmte Zeit unterbrechen werde«, teilt Odouri mit. »Meine Rechnung für die bereits geleistete Arbeit werde ich Ihrer Schwester zuschicken.«

Die Verhandlung muss vertagt werden, da wir plötzlich ohne Anwalt dastehen. Und ohne Geld, um einen Ersatz für den sauberen Herrn Odouri zu engagieren.

* * *

Nach diesem Gerichtstag bin ich am Boden zerstört. Meine anfängliche Zuversicht, dass sich die absurden Anschuldigungen gegen mich bald schon als Lügen entlarven würden, ist verflogen. Ohne einen Anwalt werden wir diesen Prozess niemals gewinnen. Ich sehe mich und meine Mitangeklagten bereits wieder mit einem Bein im Gefängnis. »Kann King bei dir bleiben, wenn mir etwas passiert?«, frage ich Dorkas und kann nicht verhindern, dass mir die Tränen in die Augen steigen: Ich will King auf keinen Fall verlieren. Aber ich muss jetzt mit allem rechnen.

»Na, wir wollen doch nicht gleich vom Schlimmsten ausgehen«, sagt meine Freundin und reicht mir ein Stück Küchenrolle. Lautstark putze ich mir damit die Nase.

»Aber was soll ich denn tun?«, schniefe ich. »Die sitzen einfach am längeren Hebel mit ihrem Geld. Ich bin völlig bankrott. Und die Leute von Owino Uhuru sowieso Wie sollen wir das Geld für einen neuen Rechtsanwalt auftreiben?«

»Hm«, sagt sie nachdenklich. »Hast du schon mal daran gedacht, eine NGO um Unterstützung zu bitten?«

Ich schaue Dorkas an, als habe sie gerade chinesisch mit mir gesprochen. »Eine was?«

»Eine Nichtregierungsorganisation. Also eine Hilfsorganisation wie die, für die ich arbeite – aber eben eine, die sich auf Menschenrechte oder auf faire Gerichtsbarkeit spezialisiert hat. Die unterstützen manchmal solche Leute wie dich.«

»Ach, ja?« Darauf wäre ich ehrlich gesagt im Traum nicht gekommen. »Und wie finde ich so eine Organisation?«

»Wir können im Internet danach suchen. Komm, das machen wir gleich.«

Den restlichen Abend verbringen Dorkas und ich am Computer. Wir durchforsten das Internet nach Organisationen, die infrage kommen könnten: Einige NGOs kennt Dorkas durch ihre Arbeit, andere finden wir per Suchmaschine. Viele beschäftigen sich mit Umweltschutz und unterstützen Projekte, die unserem Kampf gegen die Verschmutzung von Owino Uhuru ähneln. Ich notiere mir sämtliche E-Mail-Adressen.

In den nächsten Tagen formuliere ich Briefe an verschiedene NGOs. Bei jeder Organisation versuche ich mein Anliegen so darzustellen, dass es zu ihrem Profil passt. Bei Umweltschutz-NGOs, wie dem deutschen »Öko-Institut«, lege ich den Schwerpunkt darauf, dass in Owino Uhuru Umweltauflagen nicht eingehalten wurden. Auf der Website des Öko-Instituts lese ich, dass sich die Mitarbeiter zudem mit dem Thema Altbatterien und ihrem schädlichen Einfluss auf Mensch und Umwelt befassen. Ich biete meine Mithilfe dabei an. Bei anderen Organisationen wie »Human Rights Watch« prangere ich die Situation vor Gericht an, lege dar, dass die Slumbewohner keine Chance auf ein faires Verfahren haben.

Auch die Ostafrikanische Gemeinschaft schreibe ich an. Dieser zwischenstaatlichen Organisation gehören sechs ostafrikanische Länder an, auch Kenia. Sie erlässt Richtlinien, die für alle Mitgliedsstaaten verbindlich sind. Ich weiß, dass sich dieses Gremium schon seit geraumer Zeit mit dem Problem der importierten Autobatterien befasst. Da die Umweltauflagen in vielen afrikanischen Ländern laxer sind als in den Industriestaaten, verlagern immer mehr ausländische Firmen das Batterien-Recycling auf unseren Kontinent. Sie lassen die Drecksarbeit hier erledigen – und führen das »saubere« Blei wieder ein. Dass die

Menschen, die rund um die Bleischmelzen wohnen, sterben wie die Fliegen, kümmert sie nicht.

Dem Ausschuss, der gerade an einer neuen Richtlinie zu diesem Thema arbeitet, stelle ich die Blutproben der Kinder von Owino Uhuru zur Verfügung. In meinem Schreiben bezeichne ich die Vergiftung der Kinder als Skandal und appelliere an die Politiker, dagegen etwas zu unternehmen.

Bald erhalte ich die ersten Antworten. Nach meinen Erfahrungen mit den kenianischen Behörden, die meine Briefe konsequent ignoriert haben, bin ich erstaunt über die schnelle Reaktion und noch mehr über die große Resonanz: Aus aller Welt trudeln E-Mails ein. Einige Organisationen teilen mir mit, dass sie nicht die richtigen Ansprechpartner seien und geben mir Empfehlungen, wo ich mich stattdessen hinwenden könnte. Andere haben Rückfragen. Wieder andere versprechen, meine Bitte, mich und meine Mitstreiter bei dem Gerichtsverfahren zu unterstützen, zu prüfen.

Vor allem aber wird mir durch die teils sehr ausführlichen Antworten klar, dass das Problem der Bleivergiftung ein riesengroßes Thema weltweit ist. Besonders in Afrika ist das Ausmaß gigantisch: Jedes Jahr werden auf dem Kontinent nach Angaben des Öko-Instituts 1,2 Millionen Tonnen Blei-Säure-Batterien ausgeschlachtet. Die meisten stammen von den 42 Millionen Gebrauchtwagen, die Afrika importiert; etliche Batterien werden aber auch gezielt von Händlern eingekauft, um sie hier weiterzuverarbeiten. Laut einem UNO-Abkommen über die Kontrolle gefährlicher Abfälle, dem sogenannten Basler Übereinkommen, ist es zwar verboten, alte Elektrogeräte und Batterien auszuführen – aber es geschieht trotzdem.

Grund dafür ist der stetig steigende weltweite Bleiverbrauch, der von 9,2 Millionen Tonnen im Jahr 2008 auf 11 Millionen im Jahr 2014 geklettert ist. Und Blei ist teuer: An den Metallbörsen liegt der Preis bei fast 1,90 Euro pro Kilo. Deshalb lohnt sich das

Recycling in Afrika. Es findet keineswegs nur in industriellen Schmelzen wie der Metal Refinery, sondern auch in kleinen Hinterhof-Werkstätten statt, wo die Batterien einfach aufgespalten und per Hand entkernt werden. Das ist für die Arbeiter noch gefährlicher: Eigentlich müssten sie von Kopf bis Fuß in Schutzanzüge gehüllt sein und auch Atemmasken tragen. Aber das macht natürlich niemand. Insgesamt wurden auf diese Weise rund 800 000 Tonnen Blei auf unserem Kontinent produziert.

Ausgangs- und Endpunkt des Geschäfts sind hingegen überwiegend europäische Länder, insbesondere Deutschland mit seiner großen Autoindustrie. Firmen wie BMW, Volkswagen, Opel oder Daimler lassen die Batterien bei Zulieferern wie Bosch produzieren, die dann auch Abnehmer des recycelten Bleis sind, das sie für die Produktion neuer Batterien brauchen. Aber natürlich sind auch französische oder italienische Autofirmen beteiligt. Die Deutsche Akademie für Technikwissenschaften geht jedenfalls davon aus, dass 25 bis 30 Prozent des in Europa anfallenden Elektroschrotts illegal exportiert werden. Der Zwischenhandel liegt dabei oft in der Hand von indischen und chinesischen Firmen.

Komplett schockiert mich allerdings die Zahl der Menschen, die von dem Geschäft in Mitleidenschaft gezogen werden: Laut verschiedenen wissenschaftlichen Studien, die meine Korrespondenzpartner zitieren, sterben pro Jahr 1,5 bis 2 Millionen Menschen an einer Bleivergiftung; die WHO spricht von 500 000 Menschen pro Jahr. Hauptverantwortlich dafür – da sind sich alle Wissenschaftler und Institutionen einig – ist das unsachgemäße Recycling alter Blei-Säure-Batterien.

Obwohl diese Informationen erschütternd sind, gibt mir der Austausch mit den verschiedenen NGOs großen Auftrieb. Es ist ein ganz neues Universum, das sich auftut: Da draußen gibt es offenbar Organisationen und Menschen, die sich mit unserem Problem befassen und die die Sorgen der Bewohner Owino Uhurus ernst nehmen. Menschen, die uns vielleicht sogar helfen wollen!

»Human Rights Watch« macht den entscheidenden ersten Schritt: Die Organisation, die ein Büro in Nairobi hat, schickt eine ihrer Mitarbeiterinnen, die einen Bericht über die Vorgänge verfassen soll: Jane Cohen, eine Amerikanerin, fährt nach Owino Uhuru, um sich vor Ort ein Bild zu machen. Außerdem will sie die Entwicklungen in der Siedlung seit der Eröffnung der Metal Refinery dokumentieren. Von meinem Versteck aus organisiere ich für sie Interviews mit kranken Werksarbeitern, mit Müttern von vergifteten Kindern und mit meinen Mitangeklagten.

Wenige Wochen später veröffentlicht sie ihren Bericht auf der Website der Organisation. Ihre Bilanz ist verheerend: Insgesamt zehn Arbeiter und Dutzende Kinder seien in den vergangenen drei Jahren aufgrund der hochgiftigen Emissionen der Schmelze gestorben, resümiert Jane. Zudem habe es in Owino Uhuru unzählige Missgeburten gegeben. Und nun sollten die Anführer der Protestbewegung gegen den Umweltskandal in einem Scheinprozess auch noch mundtot gemacht werden.

Ich bin total baff, als ich das lese. So pointiert und präzise hat das bislang kein kenianischer Journalist auf den Punkt gebracht. Dabei hätten sie alle nur etwas gründlicher recherchieren müssen. Das Wichtigste aber ist, dass der Report auf einer international anerkannten Plattform für Menschenrechte steht. So erfahren Aktivisten überall auf der Welt, was in Owino Uhuru los ist.

Die Reaktionen kommen schnell. Als Nächstes melden sich die »Frontline Defenders« aus Irland bei mir. Sie bieten an, mich und meine Mitstreiter mit 2000 Euro zu unterstützen, damit wir die Gerichtskosten bestreiten können. Ich überlege bereits, wen wir als neuen Rechtsanwalt engagieren könnten, da erhalte ich eine weitere gute Nachricht per Mail: Meine Ansprechpartner bei der Ostafrikanischen Gemeinschaft haben gemeinsam mit Professor Karuya aus Nairobi, einem Experten für Blei-Kontamination, mit dem sie zusammenarbeiten, den Kontakt zu der Organisation »Rechtsanwälte ohne Grenzen« hergestellt. Die bietet uns nun an, uns einen Anwalt zur Verfügung zu stellen – und zwar kostenlos. Ich muss die Mail ein zweites Mal lesen, um zu begreifen, was für eine unglaublich gute Nachricht das für uns ist: Jetzt haben wir doch noch eine Chance!

Zum nächsten Gerichtstermin schickt die Organisation uns Charles Onyago, einen international renommierten Menschenrechtsexperten, der mit verschiedenen Organisationen zusammenarbeitet. Wir treffen ihn in der Cafeteria des Gerichtsgebäudes, wo er meine Mitstreiter und mich zu einem Tee einlädt.

Auf den ersten Blick wirkt Onyago nicht sonderlich beeindruckend: Er ist klein, schmächtig und tritt äußerst bescheiden auf. Mit seiner leisen, freundlichen Stimme stellt er uns viele Fragen – vor allem über den Tag unserer Verhaftung. Die Details notiert er sich mit Bleistift in seinem Notizblock. Ehrlich gesagt wundere ich mich anfangs ein wenig, warum verschiedene internationale Organisationen ausgerechnet mit diesem unscheinbaren Mann kooperieren. Doch als wir Onyago vor Gericht erleben, bricht ein neues Zeitalter für uns an.

»Zeigen Sie mir doch bitte einmal die Waffe, mit der Frau Omido am Tag der Demonstration herumhantiert haben soll«, verlangt Onyago von dem Polizisten, der die entsprechende Aussage gemacht hat. »Sie werden ihr die Waffe ja sicherlich abgenommen haben, oder?«

Der Mann blickt verunsichert zum Richter.

»Beantworten Sie bitte die Frage«, sagt der.

»Nein, äh …«

»Warum nicht?«, hakt Onyago sofort ein. »Wenn Sie Frau Omido für so gefährlich hielten, wäre das doch Ihre Pflicht gewesen.«

»Doch, natürlich habe ich ihr die Waffe abgenommen«, behauptet der Polizist nun.

»Dann möchte ich sie sehen. Das ist ein wichtiges Beweisstück.«

Der Polizist überlegt einen Augenblick. »Wissen Sie, Frau Omido brauchte gar keine Pistole«, sagt er dann. »Ihr Mundwerk ist scharf genug, um als Waffe zu gelten.«

Ich muss mich beherrschen, um nicht laut zu lachen. Der Richter scheint ebenfalls über diese Wendung zu schmunzeln. Nur Onyago blieb todernst und beharrt darauf, die Beweise für die Anschuldigungen, die gegen mich erhoben werden, vorgelegt zu bekommen. Andernfalls gelte der Rechtsgrundsatz im Zweifel für den Angeklagten.

»Deine Idee mit den NGOs war super«, sage ich zu Dorkas, als wir uns am Abend eine Dose Bier gönnen. »Dieser neue Rechtsanwalt hat wirklich was drauf.« Wie Onyago die Behauptungen unserer Kontrahenten auseinandergenommen hat, war wirklich beeindruckend. Jetzt sehe ich endlich wieder Licht am Ende des Tunnels.

✳ ✳ ✳

Mitten in die Zeit der Gerichtsverhandlung platzt eine Nachricht aus Arusha, Tansania, dem Sitz der Ostafrikanischen Gemeinschaft. Sie birgt erheblichen Sprengstoff: Die Mitglieder des Gremiums haben entschieden, dass den Staaten der Gemeinschaft ab sofort alle Blei-Exporte ins Ausland verboten sind.

»Sofortiger Export-Stopp für Blei«, lese ich die Schlagzeile eines Internet-Newsportals. Ich stelle meine Teetasse auf Dorkas' Küchentisch ab und klappe den Laptop zu, um diese Nachricht zu verdauen. Was bedeutet das? Doch nichts anderes, als dass das Geschäftsmodell der Metal Refinery ab sofort nicht mehr funktioniert, dass ihre gesamte Exporttätigkeit auf einen Schlag illegal ist.

Ich rufe Charles Onyago an. Auch er hat bereits von der Entscheidung gelesen. »Das können wir gut für uns nutzen«, stimmt er mir zu. Allerdings weist er mich auch darauf hin, dass die Anschuldigungen gegen mich und die anderen Aktivisten formal nichts damit zu tun hätten, ob die Geschäfte der Metal Refinery legal oder illegal seien. »Aber wenn wir der Firma illegale Machenschaften nachweisen können, wird das den Richter unweigerlich auf unsere Seite ziehen.«

»Und wie könnten wir das nachweisen?«, hake ich nach.

»Am besten wäre es, wenn die Polizei selbst den Gesetzesverstoß anprangert.«

»Alles klar.«

Jetzt weiß ich, was ich zu tun habe: Am nächsten Tag nehme ich den Bus nach Mombasa und fahre zum Hafen. Dort gehe ich direkt zur Hafenpolizei und verlange, zum Verantwortlichen für die Exportüberwachung vorgelassen zu werden. »Von welcher Organisation kommen Sie?«, fragt mich der Pförtner.

»Vom Zentrum für Gerechtigkeit«, behaupte ich. Den Namen hatte ich mir zwar gerade erst ausgedacht, aber er erschien mir sehr passend.

Der Pförtner ruft in der entsprechenden Abteilung an. »Bedaure, aber Herr Dumboya erinnert sich nicht, einen Termin mit Ihnen vereinbart zu haben.«

»Sagen Sie ihm, dass es äußerst dringend ist – und nur fünf Minuten dauert. Richten Sie ihm aus, dass ich eine wichtige Nachricht für ihn habe.«

Nach einigem Hin und Her gelingt es mir schließlich, vorgelassen zu werden. »Sie sind ja ganz schön hartnäckig. Was kann ich für Sie tun, gute Frau?«, fragt Herr Dumboya.

Ich lege ihm einen Ausdruck des Artikels über das Blei-Exportverbot vor. »Haben Sie schon davon gehört?«

»Klar«, behauptet er. Aber da seine Augen auf den Text gehaftet bleiben, bin ich mir ziemlich sicher, dass er noch nie von der neuen Richtlinie gehört hat. Also halte ich den Mund, um ihm die Zeit zu geben, den Artikel wenigstens zu überfliegen.

»Welche Konsequenzen werden Sie daraus ziehen?«, frage ich schließlich.

»Nun ja, wenn es ein neues Gesetz gibt, müssen wir hier natürlich für seine Implementierung sorgen.«

Diese Antwort wollte ich hören. »Heißt das, Sie werden bald schon Kontrollen durchführen?«

Dumboya dreht sich mit seinem Stuhl um und deutet zum Fenster. Draußen sieht man den Hafen und vertäute Frachtschiffe. Zu beiden Seiten des Polizeigebäudes stehen Hunderte, wenn nicht Tausende der Metallboxen, die noch auf ihre Verladung warten. »Sehen Sie, wie viele Container hier im Hafen stehen?«, fragt Dumboya. »Die können wir unmöglich alle kontrollieren. Wir können allenfalls Stichproben machen.«

»Vielleicht kann ich Ihnen ja helfen«, sage ich und bitte ihn um seine Handynummer. »Ich kenne da zufällig eine Firma, die regelmäßig Blei exportiert. Ich werde mich melden, sobald ich etwas von einem Blei-Transport höre.«

»Klar, gerne. Besten Dank«, sagt er und lacht.

Ich habe nicht das Gefühl, dass er mich besonders ernst nimmt. Aber das ist mir egal, ich habe, was ich wollte: einen direkten Kontakt zur Hafenpolizei. Ich bin wild entschlossen, die Metal Refinery zu überführen.

Auf dem Rückweg fahre ich noch in Owino Uhuru vorbei, um meine Pläne mit Anastasia zu besprechen. »Wir brauchen einen Spitzel im Werk, der uns informiert, wann eine Bleilieferung an den Hafen erfolgt«, sage ich zu ihr.

Anastasia überlegt. »Das Problem ist nur, dass die Leute, die dort arbeiten, alle Neulinge sind. Ich kenne sie kaum.« Sie berichtet, dass die alte Garde aus Owino Uhuru inzwischen komplett erkrankt sei, einige ehemalige Arbeiter seien auch schon gestorben. »Aber am schlimmsten ist es, wenn Kinder sterben. Kürzlich traf es wieder einen kleinen Jungen – George. Erinnerst du dich noch an ihn? Er war der Einzige, der bei unserer Untersuchung damals noch normale Blutwerte hatte, da die Familie erst kurz zuvor hierhergezogen war. Seinen Vater könnten wir vielleicht fragen!«

»Er arbeitet immer noch dort, obwohl sein Kind gestorben ist?« Ich kann es kaum fassen.

»Oh ja! Er kann es sich nicht leisten, seinen Job hinzuschmeißen, da auch seine Frau mittlerweile erkrankt ist und Medikamente braucht.«

»Das ist unser Mann.«

Unsere Wahl entpuppt sich als Volltreffer: Eric erklärt sich sofort einverstanden, uns zu helfen. Der Tod seines Sohnes sei eine Zäsur in seinem Leben gewesen, erzählt er. »Das will ich der Metal Refinery heimzahlen.«

Eric wird zu unserem Spion in der Schmelze. Wann immer ein Lastwagen auf dem Firmengelände mit recyceltem Blei beladen wird, merkt er sich die Kombination auf dem Nummernschild. Sobald seine Schicht vorbei ist, schreibt er die Nummer auf und übergibt den Zettel einem Motorradfahrer, der ihn umgehend zu mir bringt. Und ich verständige dann per Telefon Herrn Dumboya von der Hafenpolizei. Meine SIM-Karte verwende ich jeweils nur ein einziges Mal.

So bereiten wir der Metal Refinery von da an viele Schwierigkeiten. Zwar gelingt es ihren zahlungsfreudigen Direktoren auch oft, die Polizisten zu bestechen und ihre illegale Fracht aus dem Hafen zu mogeln. Aber zumindest werden die Geschäfte jetzt schwieriger für sie. Vor Gericht sind die Anwälte der Firma bald nur noch damit beschäftigt, sich selbst zu verteidigen. Irgendwann wird ihnen das zu anstrengend – und von einem Tag auf den anderen lassen sie die Anklage gegen uns fallen.

»Ich habe Ihnen mein Leben zu verdanken!«, sage ich überschwänglich zu Charles Onyago. Ich kann gar nicht aufhören, ihn zu umarmen.

»Na, nun übertreiben Sie mal nicht.«

»Ich übertreibe nicht! Sie sind der Allerallerbeste!«

Ich bin wahnsinnig erleichtert, als meine Mitstreiter und ich den Gerichtssaal als freie Menschen verlassen. Das Urteil beweist, dass wir nichts Unrechtes getan haben – und dass unsere Gegner uns nichts anhaben können. Jetzt kann ich endlich wieder die Zukunft planen.

Abends sitze ich mit King zusammen vor dem Fernseher. In der Nachrichtensendung werde ich als strahlende Siegerin porträtiert, und mein Sohn macht große Augen. Es ist mir sehr wichtig, dass er auch diese Bilder sieht: Diesmal haben die Guten gewonnen.

* * *

Inzwischen haben King und ich über ein halbes Jahr in Dorkas' Wohnung verbracht. Meine Freundin hat mir nie ein Zeitlimit gesetzt. Trotzdem will ich ihre Gastfreundschaft nicht unbegrenzt in Anspruch nehmen. Als ich erfahre, dass ganz in ihrer Nähe eine kleine Wohnung frei wird, verkünde ich daher spontan, dass King und ich dorthin umziehen werden. Dorkas' Tochter Clare, die sich inzwischen richtig an uns gewöhnt hat, ist damit überhaupt nicht einverstanden. »Aber warum denn?«, fragt sie verständnislos. »Gefällt es euch hier nicht mehr?«

»Doch«, antworte ich. »Aber es wird Zeit, dass wir wieder auf eigenen Füßen stehen. Ihr könnt uns ja jederzeit besuchen!«

»Ist es dort denn sicher für euch?«, erkundigt sich Dorkas.

»Ja, ich denke schon«, behaupte ich spontan, wissend, dass das so nicht stimmt. Die Wohnung befindet sich im Erdgeschoss, was natürlich nicht so gut ist. Aber sie liegt in einer ruhigen Nachbarschaft und Tür an Tür mit anderen Wohneinheiten. Solange niemand in Mombasa meine Adresse kennt, sollte ich dort keine Probleme bekommen. Aber weil mich dann doch leise Zweifel beschleichen, entscheide ich mich, einen Hund anzuschaffen: Der Terrier von Dorkas' Nachbarin hat gerade Junge bekommen, und ich habe mich in einen der Welpen verliebt. In unserer ersten Nacht im neuen Heim liegt das weiß-braungescheckte Fellbündel zwischen mir und King, und wir streicheln ihn unaufhörlich, damit er uns in Zukunft auch ordentlich beschützt. Da mein Geld nicht für Möbel reicht, schlafen wir vorläufig alle drei auf dem Boden.

Nach und nach richte ich mich in meinem neuen Heim ein. Ich erkläre es auch zu meinem Büro – oder genauer gesagt zum Büro des »Zentrums für Gerechtigkeit« (Center for Justice). Ja, so habe ich meine NGO jetzt tatsächlich genannt! Denn unser Kampf gegen die Umweltverschmutzer von der Metal Refinery ist noch nicht vorbei. Da einer der Anklagepunkte vor Gericht gelautet hatte, dass wir in Owino Uhuru »illegale Versammlungen« abhielten, waren Anastasia und ich zu dem Schluss gekommen, dass es besser sei, unserer Gruppe eine rechtlich abgesicherte Form zu geben; auf diese Weise konnten unsere Treffen nicht mehr als »illegal« abgetan werden. Außerdem hatten mir die Briefwechsel mit den internationalen Organisationen gezeigt, dass es für unsere Außendarstellung besser ist, wenn wir einen Namen hatten und eine Funktion: Wir waren jetzt »Umweltaktivisten«.

* * *

In der Wohnung direkt neben uns wohnt ein junger Arzt. Er heißt Luke und hat einen Narren an meinem Sohn gefressen. Das passiert nicht ohne Kings Zutun. Da sein Vater nicht präsent ist, versucht er immer, Freundschaften zu schließen, wenn er sympathische Männer trifft. Und oft ist er ziemlich erfolgreich, er besitzt eine Menge Charme.

Im Fall von Luke sind wir einer Meinung. Auch ich finde ihn sympathisch – und attraktiv. Es fällt mir gar nicht so leicht, mir das einzugestehen. Denn nach der Episode mit Kings Vater hatte ich erst mal die Nase voll von Männern, die mir Probleme bereiteten. Aber dieser Luke ist anders. Er hat eine superhilfsbereite und zuvorkommende Art, die mich sehr anzieht. Außerdem sieht er wahnsinnig gut aus: groß und kräftig. Ob er mich wohl ebenfalls anziehend findet? Schließlich ist er acht Jahre jünger als ich …

Einige Zeit nach meinem Einzug steht Kings Beschneidung an. Im Alter von sechs Jahren werden Jungen in unserer Kultur beschnitten. Das ist traditionell so und hat nichts mit Religion zu tun. Weil ich keine Erfahrung in solchen Dingen habe, frage ich Luke, wo man das am besten machen lässt. Bereitwillig berät er mich und empfiehlt mir eine Klinik in Mombasa. Er bietet mir sogar an, mich dorthin zu begleiten. Dieses Angebot nehme ich natürlich gerne an.

Schon auf dem Weg zur Klinik bin ich furchtbar aufgeregt wegen des Eingriffs, aber Luke verbreitet eine Atmosphäre, als befänden wir uns auf einem Picknick-Ausflug, und macht die ganze Zeit über Scherze mit King. So entspanne auch ich mich ein bisschen. Luke begleitet King auch in den Operationssaal, während ich vor der Tür warte. Ich will mir gar nicht vorstellen, was auf der anderen Seite passiert.

»Ist alles gut verlaufen?«, frage ich besorgt, als Luke mit dem noch reichlich verschlafenen Jungen im Arm wieder herauskommt.

»Alles in Ordnung«, beruhigt er mich.

Zu Hause hilft er mir, Kings Wunde zu versorgen. Immer wenn sein Verband gewechselt werden muss, kommt er zu mir in die Wohnung und erledigt das für mich. Ich revanchiere mich, indem ich ihm Sandwiches mache oder uns etwas Leckeres koche. Luke ist so nett, dass ich es kaum glauben kann – und ich verliebe mich immer mehr.

Als es King wieder gut geht, bin ich fast traurig, dass es jetzt gar keinen Grund mehr gibt, meinen Nachbarn ständig zu mir einzuladen. Aber als ich mitbekomme, dass Luke in dieser Zeit viele Nachtschichten im Krankenhaus schiebt, kommt mir eine neue Idee: Morgens nach Dienstschluss erwarte ich ihn manchmal mit einem Frühstück bei mir. Das nimmt er immer gerne an.

Einmal schläft er sogar auf der Couch ein – offenbar fühlt er sich ganz wohl bei mir. Als er mittags wieder aufwacht, fragt er mich, ob ich am Abend mit ihm ausgehen möchte. Was für eine Frage! Natürlich will ich.

Nachdem ich King zu Dorkas gebracht habe, fahren wir mit Lukes Auto ein paar Kilometer stadteinwärts. Dort gibt es ein Hotel der Luxusklasse für ausländische Touristen, das über eine sehr gute Küche verfügt. Dorthin lädt mich Luke zum Essen ein. Nach einem Dinner aus mehreren Gängen gehen wir zur Küste hinunter. Wir ziehen die Schuhe aus und laufen barfuß über den kilometerlangen, weißen Sandstrand, der im Mondlicht zu leuchten scheint. Sanft schlagen die Wellen an das Ufer; ich habe das Gefühl, dass der Moment nicht perfekter sein könnte, und frage mich, worauf Luke eigentlich noch wartet. Dann küsst er mich endlich, und ich sterbe fast vor Glück.

* * *

Luke und ich werden ein Paar. Das beste Paar, das der Planet je gesehen hat. Je näher ich diesen Mann kennenlerne, desto begeisterter bin ich von ihm. Und King geht es genauso.

Luke ist ein sehr einfühlsamer Mensch. Er ist der erste Mann in meinem Leben, der nicht nur an sich denkt, sondern mich wirklich wahrnimmt. Er interessiert sich für alles, was ich tue. Wenn wir im Center for Justice darüber diskutieren, wie wir die Behörden zwingen können, das Blei-Exportverbot endlich ernst zu nehmen, zerbricht auch er sich den Kopf und macht Vorschläge. Wenn er merkt, dass ich frustriert bin, weil die Metal Refinery immer wieder neue Wege findet, die Kontrollen im Hafen zu umgehen, nimmt er mich in den Arm und ermahnt mich: »Du darfst nicht den Mut verlieren, Phyllis. Die Menschen in Owino Uhuru brauchen deine Energie. Weißt du nicht, dass du der Motor hinter allem bist?«

Es ist wirklich frappierend: Ein aufmunterndes Wort aus seinem Mund oder auch nur ein Blick in seine wunderschönen Augen reichen aus, um mich mit der Welt zu versöhnen. Mit Luke an meiner Seite bin ich nicht nur glücklich, sondern auch unverwundbar.

An den Wochenenden begleitet er mich oft nach Owino Uhuru und hilft mir dort bei der Versorgung der Kranken – und das, obwohl er unter der Woche im Krankenhaus arbeitet und dort bereits alle Hände voll zu tun hat. Die Leute im Slum sind ihm dafür sehr dankbar, sie haben kein Geld für eine kostenpflichtige Behandlung. Luke ist auch derjenige, dem die Männer von Owino Uhuru sich endlich mit ihrem ganz speziellen Problem anvertrauen. Er erteilt ihnen Ratschläge und ermuntert sie, mit ihren Frauen zu reden. Außerdem sollten sie viel trinken, um das Metall aus dem Körper zu spülen.

Die Situation in Owino Uhuru ist mittlerweile unerträglich. Es bricht uns beiden das Herz zu sehen, wie die Bewohner dahinsiechen. Nachdem die Metal Refinery mehr als vier Jahre lang ihr schwarzes Gift in die Gassen gepustet hat, gibt es kaum einen Haushalt mehr, der nicht von Krankheit oder gar Todesfällen betroffen ist. Vor allem die Kinder können der Zerstörung durch das Blei nicht länger standhalten. Fast im Wochentakt stirbt jetzt irgendwo in der Siedlung ein Kind oder ein Baby. Und nicht selten sind ihre Mütter Freundinnen von mir.

Ein Junge, der bereits seit längerer Zeit mit den Symptomen der Vergiftung zu kämpfen hat, ist der Sohn meiner Mitstreiterin Catherine. Er ist acht Jahre, also zwei Jahre älter als King. Eigentlich heißt er Sami. Aber ich nenne ihn *Unpadaye*. Das hat folgenden Grund: Wenn sich die Leute hier untereinander begrüßen, sagen wir normalerweise *umpendaye,* das bedeutet: »Wie geht es deinen Lieben?« Und die übliche Antwort darauf lautet: *Wazima,* »Alle sind wohlauf«. Doch als ich Sami einmal mit der Floskel begrüßte, strahlte er mich mit seinen großen, runden

Augen an und antwortete völlig ernst: *Wewe ta,* »Ich liebe nur dich!« Das hat mich so umgehauen, dass ich ihn danach nur noch Unpadaye genannt habe, »mein Geliebter«. Das hat ihm richtig gut gefallen. Und inzwischen hat ganz Owino Uhuru diesen Spitznahmen übernommen.

Sami alias Unpadaye geht es von Tag zu Tag schlechter. Da sich der Platz, auf dem die Kinder spielen, direkt neben einem der Schornsteine der Metal Refinery befindet, bekommen alle Kinder der Siedlung früher oder später diese Probleme: Der ätzende Rauch bewirkt, dass sich die Haut grau verfärbt und abstirbt. Oder dass sie abblättert; die Kinder verspüren dann einen fürchterlichen Juckreiz und kratzen sich auf. Genau das passiert auch bei Sami, allerdings hat es ihn ganz besonders schlimm getroffen: Sein Körper ist eine einzige Wunde. Auch die Salbe, die ihm Luke gegeben hat, zeigt keine Wirkung. Catherine hat ihn deswegen bereits mehrere Male ins Krankenhaus gebracht.

Sami ist ein tapferer Junge. Aber er leidet schrecklich. Weil ich ihn so gerne mag, begleite ich seine Mutter oft, wenn sie ihn von einem längeren Aufenthalt im Krankenhaus abholt. Sami freut sich darüber immer wahnsinnig und fällt mir um den Hals, sobald er mich sieht. Auch das ist eine Art Ritual zwischen uns beiden.

Bislang hat mich Catherine stets verständigt, wenn es so weit war und sie ihn holen durfte. Aber diesmal bin ich irgendwo in Owino Uhruru unterwegs und höre das Telefon nicht, als sie anruft. Deshalb bricht sie ohne mich auf. Als ich den entgangenen Anruf bemerke, ist bereits geraume Zeit vergangen. Ich versuche mehrfach, sie zurückzurufen. Aber sie antwortet nicht. Irgendwann schwant mir, dass da irgendetwas faul ist. Mit einem unguten Gefühl mache ich mich auf den Weg zu ihrer Hütte. Dort finde ich Catherine völlig aufgelöst. Sie ist gerade aus dem Krankenhaus zurückgekehrt – ohne Sami. Schluchzend erzählt sie mir, dass der Junge nicht mehr lebt. Obwohl ich Sami jetzt schon so lange Zeit habe leiden sehen und weiß, dass sein Tod eine Gnade ist, schockiert mich die Nachricht zutiefst. Mein geliebter Unpadaye! Er war ein so bezauberndes Wesen gewesen; ein so kleiner Junge *darf* einfach nicht sterben. Ich nehme Catherine in den Arm, und wir weinen zusammen.

»Wo ist er?«, frage ich sie irgendwann.

»Er liegt noch im Krankenhaus. In der … in der …« Das Wort will ihr nicht über die Lippen kommen.

»Schon gut«, sage ich. »Aber warum habt ihr ihn denn nicht mitgenommen?«

Stockend erzählt mir Catherine, dass sie und ihr Mann sich nicht einigen können, wie sie Sami bestatten wollen. Normalerweise folgen wir in Kenia der Tradition, Tote in die Heimat der Familie zu bringen, um sie auf dem Land ihrer Vorfahren zu begraben. Doch dieser Transport in die Dörfer, der von der gesamten Familie begleitet wird, kostet viel Geld. Und Samis Eltern haben kein Geld mehr, weil sie bereits alles für seine Behandlung ausgegeben haben.

Zudem hat Catherine vor einem halben Jahr bereits ihr Baby Victor verloren: Den Einjährigen bestatteten wir auf einem kleinen Stück Land innerhalb Owino Uhurus. Dieses Land am niedrigsten Punkt der Siedlung war vor einiger Zeit zum »Friedhof« erklärt worden, also zur öffentlichen Bestattungsstätte – das ist ein Konzept, das wir in Kenia eigentlich nicht kennen. Aber es war eine Notmaßnahme, denn die Todesfälle unter den Kindern hatten sich so stark gehäuft, dass der aufwendige Transport in die Dörfer besonders die mehrfach betroffenen Eltern schlicht in den Ruin trieb.

Trotzdem haben die Eltern natürlich ein schlechtes Gewissen, wenn sie die Kleinen entgegen der Tradition auf diesem Fleckchen Erde bestatten. Es erscheint ihnen wie die ultimative Missachtung des verlorenen jungen Lebens. So ergeht es auch Catherine. »Ich habe bereits ein Kind auf diese unwürdige

Weise in der Erde versenkt«, schluchzt sie. »Zumindest meinem Ältesten muss ich ein anständiges Begräbnis geben.«

Catherine weigert sich strikt, in dieser Sache nachzugeben. Stattdessen sammelt sie Geld. Sie bittet Freunde, Verwandte und Nachbarn um Spenden. Und sie bittet auch mich um Hilfe. Da ich mich ihr und Sami verpflichtet fühle, trommle ich im Namen des Centers for Justice auch auf Facebook, Instagram und Twitter für ihr Anliegen. Tatsächlich spenden die Menschen für Samis Beerdigung. Aber erst nach einem Monat haben wir genug zusammen, um seinen Leichnam aus dem Kühlhaus der Klinik zu holen und ihn ins Dorf seiner Ahnen zu bringen.

KAPITEL 7

Der Tag danach

Ich schaue in den sonnigen Himmel. Wie lange sind die Schlote der Metal Renfinery nun schon erkaltet? Zwei Wochen? Dass das Werk die Produktion nach Protestaktionen zeitweise unterbricht, kennen wir ja schon. Aber diese Pause dauert doch ungewöhnlich lang.

Wir sitzen vor Anastasias Haus und atmen die ausnahmsweise klare, milde Luft ein. Unser Spion Eric und einer seiner Kollegen sind ebenfalls gekommen: Kamisi unterstützt Eric. Dank dem Einsatz der beiden ist in letzter Zeit kaum ein Bleitransport unbemerkt geblieben, ständig wurden in der Fabrik Razzien durchgeführt.

»Die Fabrikleitung wurde immer nervöser«, berichtet Eric. »Herr Shah suchte nach dem Verräter. Aber da wir beide uns immer abgewechselt haben, konnte er nicht ausmachen, in welcher Schicht sich der Maulwurf befindet.«

»Ja, und dann?«, frage ich ungeduldig.

»Shah ließ seinen ganzen Ärger an den Arbeitern aus. Zuletzt beschimpfte er uns nur noch und sagte, dass wir alle sterben würden – und dass wir sowieso nichts dagegen unternehmen könnten.«

»Hat er das wirklich so gesagt?«, frage ich entsetzt.

»Gott vergebe ihm«, murmelt Anastasia.

»Genauso hat er das gesagt. Und als die Besitzer vor Kurzem da waren, sagten sie: ›Wir haben hier viel Geld verdient, das nehmen wir mit nach Hause. Was mit euch passiert, ist uns egal.‹«

Anastasia und ich sehen uns an. Die Abgebrühtheit der Fabrikbosse macht uns sprachlos.

»Da ist mir der Kragen geplatzt«, gesteht Kamisi mit einem schiefen Lächeln. Dabei fällt mir auf, dass ihm etliche Zähne fehlen. »Ich habe Herrn Shah eines auf die Nase gegeben.«

»Ja, Kamisi hat angefangen«, bestätigt Eric. »Aber dann sind auch andere Arbeiter handgreiflich geworden. Wir waren alle ungeheuer aufgebracht. Shah hat dann den Sicherheitsdienst gerufen; und der hat Kamisi ziemlich zugerichtet.«

Kamisi nickt. »Ich hatte ein übel zugerichtetes und geschwollenes Auge, ein paar Zähne hab ich auch verloren. Tja, und dann haben sie uns alle rausgeschmissen.«

»Aber das haben sie ja schon öfter gemacht und dann neue Arbeiter eingestellt. Das heißt nicht, dass die Firma dichtmacht«, erinnere ich.

»Ja, schon. Doch diesmal ist es anders«, meint Eric. »Es ist nicht das Verbot irgendeiner Behörde, das sie zum Schließen der Fabrik zwingt. Ich denke, die Leitung hat schlicht aufgegeben. Mit den ständigen Razzien ist das Exportgeschäft einfach zu mühsam geworden.«

»Sie sind am Ende«, glaubt auch Kamisi.

Das wäre ein Traum, denke ich.

* * *

Die Tore der Fabrik bleiben tatsächlich geschlossen. Die Arbeiter werden nicht zurückgerufen, und es werden auch keine neuen rekrutiert. Selbst nach Wochen steht das Werk noch still. Die beiden toten Schornsteine ragen wie Mahnmale über Owino Uhuru. Und die Glocke aus Abgasen, die immer über der

Siedlung hing, ist nun endgültig verschwunden. Verwundert atmen die Bewohner die klare Luft ein, die in ihren Lungen keinen Hustenreiz auslöst. Erstaunt, fast ungläubig nehmen sie zur Kenntnis, dass die Sonne jetzt wieder täglich direkt auf ihren Kopf scheint.

Es ist, als erwache die Siedlung Mitte 2014 endlich aus einem jahrelangen Albtraum. Anastasia ist total euphorisch. »Wir haben es geschafft!«, sagt sie zu mir. »Stell dir nur vor: Wir haben es wirklich geschafft! Wir haben die Werksleitung in die Knie gezwungen. Phyllis, du hast Owino Uhuru gerettet!«

»Ja«, sage ich. »Das ist ein riesiger Erfolg.« Tatsächlich finde ich es wunderbar, dass die Menschen hier nun wieder schlafen können, ohne dass der ätzende Geruch und der Husten sie wach hält. Und vielleicht werden die Frauen auch bald weniger Fehlgeburten haben – vielleicht … Aber ganz sicher bin ich mir nicht. Denn wenn ich Owino Uhuru betrete, sehe ich nur kranke Menschen: Menschen, die Blei in ihren Körpern tragen und das für immer und ewig. Blei, das sie früher oder später zerstören wird. Die Ärzte jedenfalls sind sich einig, dass ihre gesundheitlichen Schäden irreversibel sind.

Wer kümmert sich um diese Kranken? Wer bezahlt ihre Krankenhausrechnung? Und was ist mit den vielen Kindern, die wir begraben haben – und denen, die noch sterben werden? Hat irgendjemand mal daran gedacht, die Menschen für all das Leid, das sie erduldet haben, zu entschädigen? Diese Fragen kann ich bei aller Euphorie nicht vergessen.

Je länger ich nachgrübele, desto ungehaltener werde ich. Da schließen die Herren Direktoren also einfach die Werkstore und verschwinden mitsamt dem Gewinn, den sie hier gemacht haben, in ihr Heimatland. Und sie besitzen auch noch die Frechheit, das den Menschen, deren Leben sie zerstört haben, ins Gesicht zu sagen. Was für eine unglaubliche Kaltschnäuzigkeit!

Diese Leute sind Kriminelle. Die Werksleitung und alle, die weggeschaut haben: die Beamten, die Politiker, die Polizisten, die sich bestechen ließen. Sie alle gehören vor Gericht. Sie gehören verurteilt und bestraft dafür, dass sie das Leben der Menschen hier wissentlich zerstört haben. Kamisis Fausthieb in Manan Shahs Gesicht war zwar ein Schritt in die richtige Richtung. Aber er reicht noch lange nicht aus, um Gerechtigkeit herzustellen!

Zusammen mit Anastasia verfasse ich einen Brief an die kenianische Regierung. »Es hat den Anschein, dass die Metal Refinery endlich geschlossen wurde«, schreiben wir. »Aber die gesamte umliegende Umgebung ist vergiftet und somit unbewohnbar. Die Menschen von Owino Uhuru verlangen daher eine Reinigung ihrer Siedlung: Sämtliche Bleirückstände müssen entfernt werden.« Außerdem fordern wir, dass Kumar Vorq und Viresh Bhatavea sowie alle ihre Helfer zur Verantwortung gezogen werden. Punkt.

Wir schicken den Brief ab – und warten. Das kennen wir ja schon. Aber die sogenannten Volksvertreter in Nairobi halten es genauso wenig für nötig, uns eine Antwort zu geben, wie früher die Behörden. Na gut, denke ich mir: Dann muss ich unserem Anliegen wohl etwas Nachdruck verleihen.

Ich vereinbare einen Termin mit Charles Onyago. Er empfängt mich in seiner Kanzlei in Mombasa und bittet die Sekretärin, eine Tasse Tee für mich zu bringen. »Wie stünden unsere Chancen, wenn wir die Metal Refinery auf Schadensersatz verklagen würden?«, frage ich ihn. »Es ist doch sonnenklar, dass die Firma an den Gesundheitsproblemen der Bewohner von Owino Uhuru schuld ist.«

Charles ist skeptisch. »Vor Gericht zählen nur Beweise, Phyllis. Und davon haben wir nicht genug«, warnt er.

»Können wir die nicht beschaffen?«

»Das ist nicht so einfach. Da müssten medizinische Gutachten her. So etwas kostet eine Menge Geld.«

»Wir könnten eine neue Spendenaktion starten.«

»So viel bekommt ihr nie zusammen.«

»Hm«, sage ich nachdenklich. Schon wieder das Thema Geld. Scheinbar kommt man in unserer Gesellschaft nur zu seinem Recht, wenn man sehr viel davon hat. »Aber das ist doch nicht gerecht!«, bricht es aus mir heraus. »Die Menschen in Owino Uhuru haben nun einmal kein Geld. Sie sind krank und können noch nicht einmal ihre Behandlung bezahlen. Wie sollen sie in dieser Verfassung noch Wissenschaftler beauftragen und bezahlen?!«

»Ich weiß«, sagt Charles und blickt zu Boden. »Ich will ja nur, dass du die Dinge realistisch siehst.«

Trotz seiner warnenden Worte lässt mir meine Idee keine Ruhe mehr. Als Luke an diesem Abend zum Essen kommt, erwarte ich ihn mit Spaghetti und Hackfleischsoße, seinem Leibgericht. Aber er merkt sofort, dass mit mir etwas nicht stimmt.

»Was ist los?«, fragt er mich. »Hattest du einen schlechten Tag?«

Ich erzähle ihm von meinem ernüchternden Gespräch mit Charles. »Er meint, dass wir vor Gericht keine Chance haben, weil wir nicht über genügend Beweise verfügen, dass die Metal Refinery Schuld an dem Elend der Menschen trägt. Kannst du dir das vorstellen?«

»Klingt wie Ironie.«

»Allerdings!« Ich bin so wütend, dass mir die Tränen in die Augen schießen. »Warum reagieren diese Scheißpolitiker nicht, wenn man sie bittet, sich um die Belange ihrer Bürger zu kümmern? Das ist ihr Job, verdammt noch mal!«

»Ja, du hast recht«, sagt er. »Man müsste sie irgendwie dazu zwingen. Hast du schon mal daran gedacht, eine Petition einzureichen?«

»Eine Petition?«

»Ja, das ist eine formale Forderung an die Regierung. Ihr müsstet darin verlangen, dass die Zusammenhänge zwischen der Verschmutzung und den Erkrankungen der Menschen von Owino Uhuru untersucht werden – und dafür Unterschriften sammeln.«

Ich sehe Luke an, und ganz langsam macht es klick in meinem Hirn. Natürlich! Warum bin ich da nicht selbst draufgekommen? »Du bist genial, Luke!«, rufe ich und küsse ihn auf den Mund.

Den Rest des Abends bin ich für ihn kaum mehr ansprechbar. Während Luke King ins Bett bringt, hocke ich mit meinem Laptop am Küchentisch und recherchiere die Voraussetzungen für das Einreichen einer Petition. Ich lese sogar die kenianische Verfassung. Sie besteht aus kaum verständlichen Worten und fürchterlich komplizierten Sätzen. Aber immerhin finde ich einen Paragrafen, der beschreibt, wie eine Petition an den Senat funktioniert: Nur hundert Unterschriften sind dafür nötig.

Ich bespreche die Sache mit Anastasia. Auch sie ist spontan von der Idee begeistert. »Hundert Unterschriften? Nichts leichter als das«, meint sie, »alle werden da mitmachen.«

Gemeinsam ziehen wir von Haus zu Haus. Genau wie Anastasia vorausgesagt hat, ist die überwältigende Mehrheit der Nachbarschaft bereit, uns ihre Unterschrift zu geben. Allerdings können wir nur Teilnehmer berücksichtigen, die ihren vollständigen Namen, das Geburtsdatum und ihre Adresse angeben. Zudem müssen sie sich ausweisen können. Und da hapert es bei vielen Bewohnern des Slums: Kaum einer hier besitzt gültige Papiere. Meist wurden sie bei den Behörden nicht beantragt, weil das Geld kostet. Am Ende kontaktieren wir deshalb auch noch Leute, die nicht in der Siedlung wohnen. Anastasia macht Fotos von allen, die ihre Unterschriften leisten. Die Bilder posten wir auf Facebook, Instagram und Twitter. Die sozialen Medien funktionieren wie ein Verstärker: Mit ihrer Hilfe gelingt es uns, die öffentliche Debatte zu unseren Gunsten zu beeinflussen. Bald greifen auch die traditionellen Medien das Thema auf und berichten entsprechend wohlwollend. Auf diese Weise ist das Thema bereits in aller Munde, *bevor* wir unsere Petition abschicken. Und dann reichen wir, gezeichnet von mehreren Tausend Unterschriften, unseren Forderungskatalog ein.

Diesmal müssen wir nicht lange auf die Antwort aus Nairobi warten. Nach gut zwei Wochen bringt mir der Motorrad-Bote, der unser Postfach leert, einen großen Umschlag nach Hause. Er trägt das Emblem des Senats, also des Oberhauses des kenianischen Parlaments, das aus zwei Kammern besteht. Ich reiße den Umschlag nervös auf.

»Sehr geehrte Frau Omido«, steht auf blütenweißem Papier geschrieben, »wir danken Ihnen für die von Ihnen eingereichte Petition. Gerne würden wir mehr über die Situation in Owino Uhuru erfahren. Daher laden wir Sie ein, am 29. August 2014 in den Senat zu kommen, um uns über die Problematik zu berichten.«

Ich kann nicht weiterlesen. Rückwärts lasse ich mich auf meine Couch fallen; diese Worte muss ich erst mal verdauen. Die Senatoren fordern mich auf, nach Nairobi zu kommen! Was für eine unglaubliche Ehre! Ich bin ganz aus dem Häuschen.

Natürlich rufe ich sofort Anastasia an und berichte ihr davon. »Du begleitest mich selbstverständlich«, stelle ich klar.

Die verbleibende Zeit bis zu dem Termin verbringen wir damit, den Text zu schreiben, den wir den Politikern vortragen wollen. Jedes Wort davon muss sitzen. Einerseits wollen wir die Ereignisse präzise zusammenfassen, andererseits die Politiker emotional ansprechen. Deshalb zerreißen wir die Entwürfe mehrmals und fangen immer wieder neu an.

Am 29. August nehmen wir den Bus nach Nairobi. King, der inzwischen in die Schule geht, habe ich zu Hause bei Luke gelassen. Nach acht Stunden Fahrt erreichen Anastasia und ich die Hauptstadt. Am Busbahnhof erwarten uns meine Tante Esther und ihre Tochter Leila, die ich beide seit Ewigkeiten nicht mehr gesehen habe. Leila ist schon 14, und Esther arbeitet inzwischen für die kenianische Gas-Pipeline-Company. Die beiden haben alle meine Aktivitäten in den Nachrichten mitverfolgt und sind wahnsinnig stolz auf mich. Besonders jetzt, wo ich auch noch mit den Senatoren sprechen darf.

Nach dem Abendessen gehen wir das Skript noch einmal durch. In einer Art Generalprobe trage ich meine Rede im kleinen Kreis vor. »Zuerst musst du alle Personen begrüßen, die im Raum sind«, schärft mir Esther ein. »Lass dir vorher eine Liste mit den Namen geben, falls das möglich ist. Und dann bedanke dich für die Gelegenheit, zu ihnen zu sprechen.«

»Okay.«

»Du darfst nicht zu emotional werden, das wirkt unprofessionell. Und lass dich auf keinen Fall von der Gegenwart der Senatoren ablenken: Denk immer nur an die Sache. Am Ende darfst du außerdem nicht vergessen, ihnen die Gelegenheit zu geben, dir Fragen zu stellen. Aber erst wenn du fertig bist, okay?«

»Ja, verstanden«, beteuere ich.

Als wir am nächsten Morgen aufbrechen, stelle ich fest, dass ich trotz der intensiven Vorbereitung doch reichlich nervös bin. Während meine Tante ihren Wagen durch den Berufsverkehr lenkt, schaue ich aus dem Fenster und gehe im Kopf noch einmal alle ihre Tipps durch. Dann halten wir vor dem riesigen, supermodernen Senatsgebäude.

»Viel Glück!«, wünscht uns Esther.

Anastasia und ich stecken beide in Businesskostümen. Auch für meine Mitstreiterin habe ich eines von Dorkas geliehen. Trotzdem fühlen wir uns irgendwie underdressed und deplatziert inmitten all der feinen Damen und Herren, die hier ein und aus gehen.

An der Pforte nennen wir unsere Namen. »Einen Moment bitte«, heißt es. Kurz darauf tritt eine junge Frau aus dem Fahrstuhl, die sich als »Maria« vorstellt und uns durch endlose Gänge in einen Konferenzraum geleitet. Darin steht ein großer weißer Tisch mit einigen Gläsern und Wasserflaschen. Auf Marias Weisung nehmen wir am Kopfende des Tisches Platz. »Kann ich Ihnen Tee oder Kaffee bringen?«, fragt sie. Doch Anastasia und ich sind zu schüchtern, um ihr Angebot anzunehmen.

»Nein, danke«, beteuern wir. »Wasser genügt.«

Und dann warten wir. Eine Stunde vergeht – und noch eine. Vielleicht hätten wir doch den Tee annehmen sollen. »Bitte gedulden Sie sich nur noch einen winzigen Moment«, erklärt Maria, die zwischendurch immer mal wieder lächelnd den Kopf zur Tür hereinsteckt.

Als ich mich frage, ob überhaupt noch jemand kommt oder wir die ganze Reise umsonst gemacht haben, betreten einige Männer den Raum. Sie tragen ausnahmslos sehr teuer wirkende graue oder schwarze Anzüge, und ich glaube, einige von ihnen aus dem Fernsehen zu kennen: Es sind die Senatoren des Gesundheitsausschusses. Sie nehmen Platz und sehen uns erwartungsvoll an. Ein großer Mann, der sich als Vorsitzender des Ausschusses vorstellt, bedankt sich bei Anastasia und mir, dass wir gekommen sind, und bittet uns, unser Anliegen vorzutragen.

Plötzlich meine ich kein Wort mehr herausbringen zu können, so aufgeregt bin ich. Mein Hals fühlt sich trocken an. Mit schweißnassen Händen greife ich nach dem Wasserglas und nehme einen Schluck daraus. Vielleicht wird es nun mit dem Sprechen gehen, vielleicht auch nicht.

»Sehr geehrte Damen und Herren des Gesundheitsausschusses. Es ist mir eine Ehre, heute zu Ihnen sprechen zu dürfen«, höre ich mich sagen – und bin selbst erstaunt darüber, dass ich die Sätze, ohne zu stocken oder mich räuspern zu müssen, über die Lippen bringe.

Ich rede über eine halbe Stunde lang ohne Unterbrechung. Das Lampenfieber ist wie weggeblasen: Ich bin so konzentriert darauf, die Ereignisse in Owino Uhuru zusammenzufassen und

alles, was ich dort erlebt habe, präzise und wahrheitsgetreu darzustellen, dass ich überhaupt keine Gelegenheit habe, mich mit
den Herren, die vor mir sitzen, zu beschäftigen. Erst als ich zum
Ende komme, registriere ich, dass sie meinen Worten mit voller
Konzentration lauschen. Anschließend fügt Anastasia als Vertre-
terin von Owino Uhuru noch ein paar Sätze über die Siedlung
hinzu: über ihre Geschichte und den Hintergrund der Menschen, die dort leben. Dann dürfen die Senatoren uns Fragen
stellen.

»Bekommen Sie Geld dafür, die Metallverarbeitungsindustrie
zu destabilisieren?«, will ein Politiker wissen.

»Nein, natürlich nicht«, antworte ich verdattert. Was ist denn
das für eine Frage?

»Wie gut kennen Sie die Besitzer der Metal Refinery?«, erkundigt sich anderer. »Haben Sie irgendein privates Motiv, diesen Kampf zu führen?«

»Nein. Na ja. Mein Sohn wurde vergiftet.« War es klug, das
zu sagen?

»Hegen Sie aus diesem Grund Rachegefühle?«, hakt der Politiker nach.

»Nein«, antworte ich fest. »Es geht hier nicht um mich: Es
geht um die Bewohner von Owino Uhuru, also um kenianische
Staatsbürger, deren Vertreter Sie sind.«

»Vollkommen richtig«, murmeln einige der Männer zustimmend. Danach werden ihre Fragen etwas freundlicher, und die
Atmosphäre lockert sich auf. Trotz der beiden Querschläger, die
mich am Anfang ganz schön verunsichert haben, bekomme ich
bald den Eindruck, dass die Mehrheit der Senatoren meinem
Anliegen offen gegenübersteht. Einige danken mir sogar, dass
ich sie auf das Thema aufmerksam gemacht habe, und zeigen
sich sehr betroffen.

»Wenn die Anschuldigungen, die Frau Omido erhebt, wahr
sind, ist das ein Skandal. Wir müssen dieser Sache auf den

Grund gehen!«, fordert einer. Die anderen nicken und beteuern, sie seien derselben Ansicht.

Als Anastasia und ich im Bus zurück nach Nairobi sitzen, fühlen wir uns erschöpft. Wie haben beide unser Bestes gegeben. Aber wird das auch reichen? »Meinst du, wir konnten sie überzeugen?«, frage ich meine Mitstreiterin bang.

»Das werden wir erst wissen, wenn die Senatoren öffentlich debattieren«, meint Anastasia. »Dann werden sie Farbe bekennen müssen.«

Diese Debatte findet ungefähr drei Wochen später statt – und sie wird live im Fernsehen übertragen. Ich schaue mir sie zusammen mit Luke an: Dieselben Männer, die mir im Konferenzraum gegenübersaßen, treten jetzt als Abgeordnete auf und geben vor, sich intensiv mit dem Thema beschäftigt zu haben. Sie halten lange Reden, in denen sie die Umweltverschmutzung in Kenia verurteilen, die angeblich durch kriminell arbeitende ausländische Firmen verursacht werde.

Ich bin beeindruckt: Wenn man ihnen zuhört, bekommt man wirklich das Gefühl, dass sie die Sorgen der Menschen in Owino Uhuru ernst nehmen und sich für sie einsetzen wollen. Politiker wissen eben immer, wie sie den richtigen Ton für ihre Wähler treffen … Am Ende beschließen sie tatsächlich die Untersuchung des Falls durch eine Gruppe von Experten.

»Na, was habe ich dir gesagt?«, sagt Luke und grinst über beide Ohren. Seine Strategie ist aufgegangen! »Jetzt tragen die Herren Senatoren persönlich die Beweise dafür zusammen, dass die Metal Refinery schuld an dem Desaster ist.«

* * *

Die Untersuchung des Senats zieht sich hin. Waren wir anfangs noch euphorisch, dass die Politiker sich der Sache annehmen und sogar Experten entsenden würden, kommen uns nach einigen Monaten ernsthafte Zweifel. Warum um Himmels willen brauchen die so lange? In Owino Uhuru sterben unterdessen immer noch Menschen. Menschen, deren Leben man vielleicht retten oder zumindest verlängern könnte, wenn man ihnen endlich das Geld für eine adäquate medizinische Behandlung zukommen lassen würde. Aber nichts geschieht.

Es dauert fast ein Jahr, bis die Untersuchung endlich abgeschlossen ist. Anastasia und ich werden erneut nach Nairobi gerufen, um den Bericht einzusehen. Man informiert uns, dass es sich dabei um ein internes Regierungspapier handele, das den Politikern als Grundlage für ihr weiteres Vorgehen diene. Er sei jedoch nicht für die Öffentlichkeit bestimmt.

In einem Konferenzzimmer dürfen wir eine Kopie des Reports lesen. Schnell erkenne ich, dass alles, was da steht, korrekt ist: Die Experten legen eine genaue Analyse der Chemikalien vor, die beim Einschmelzen von Bleibatterien wirksam werden, und führen deren möglichen Effekte auf die menschliche Gesundheit auf. Die wiederum verknüpfen sie mit den Aussagen der Bewohner von Owino Uhuru, die sie zu ihren Beschwerden befragt haben.

»Das hört sich doch gut an«, flüstert Anastasia mir zu. »Die Autoren nehmen kein Blatt vor den Mund.«

»Ja«, gebe ich ihr recht. »Wenn die Senatoren das lesen, haben sie überhaupt keine andere Wahl, als die Besitzer der Metal Refinery zur Verantwortung zu ziehen.«

Davon bin ich wirklich überzeugt. Schließlich wird die »Metallverarbeitungsfirma« in dem Bericht ganz klar als verantwortlich identifiziert. Ein Sternchen neben der Bezeichnung verweist auf den Anhang. Ich blättere dorthin und erwarte, dort den korrekten Firmennamen der Metal Refinery inklusive ihrer Postanschrift und der ihrer Besitzer vorzufinden. Aber zu meiner Überraschung heißt die verantwortliche Firma dort »Kenia Metal Refinery«.

Ich zeige Anastasia die Stelle im Anhang. »Ist das nicht merkwürdig? Da steht ein falscher Firmenname.«

Sie zieht erstaunt die Brauen hoch. »Ja, das ist seltsam. Aber die Namen klingen ja recht ähnlich, vielleicht ist das nur ein kleines Versehen?«

Dass den Experten an dieser entscheidenden Stelle ein Fehler unterlaufen sein soll, kann ich mir nicht vorstellen. Ich markiere die Passage mit einem Kugelschreiber und bitte die Mitarbeiterin, die mit uns im Raum sitzt, die Sache weiterzugeben.

»Das werde ich gerne tun«, verspricht sie eilfertig.

»Danke«, antworte ich. Aber als wir das Senatsgebäude verlassen, habe ich ein merkwürdiges Gefühl.

Und tatsächlich: In den kommenden Wochen erhärtet sich mein Verdacht, dass der obskure Namensfehler nicht etwa der Schludrigkeit der Verfasser des Berichts geschuldet ist, sondern dass dahinter System steckt. Denn auch nach mehrfacher schriftlicher Aufforderung korrigieren die sogenannten Experten – oder wer auch immer hinter den Kulissen für den Wortlaut des Berichts verantwortlich ist – den Namen der Firma nicht.

Das hat weitreichende Konsequenzen: Die weiteren Schritte, die die Senatoren nun einleiten, richten sich gegen die falsche Firma, genauer gesagt: gegen gar keine Firma. Denn ein Unternehmen namens »Kenia Metal Refinery« gibt es nicht. Diese Phantomfirma war und ist nirgendwo in Kenia registriert. Alle Maßnahmen, die angeblich darauf abzielen, die Besitzer der Anlage zur Verantwortung zu ziehen, laufen folglich ins Leere.

Meine Mitstreiter und ich sind unglaublich frustriert, als uns klar wird, dass wir abermals betrogen wurden: Irgendjemand hat uns an der Nase herumgeführt und dafür gesorgt, dass wir ein Jahr auf die Ergebnisse einer Untersuchung gewartet haben, die sich nun als völlig nutzlos erweist. Mein Verdacht fällt auf Hesron Awiti, den Politiker und Miteigentümer der Metal Refinery. Nachweisen kann ich ihm zwar nichts, aber ich bin mir ziemlich sicher, dass er irgendwie interveniert hat. Dass im Senat so viel hinter verschlossenen Türen passiert, ist ideal für korrupte Strippenzieher wie ihn.

»Zur Hölle mit dem Senat!«, sage ich wütend zu Luke.

»Willst du etwa aufgeben?«, fragt er, und in seiner Stimme schwingt Empörung.

»Das habe ich nicht gesagt«, korrigiere ich ihn. »Aber wozu haben wir in Kenia ein Zwei-Kammern-System? Wenn das Oberhaus mauschelt, müssen wir eben das Unterhaus einschalten. Was hältst du davon, wenn wir dort eine neue Petition einreichen?«

Er tippt sich gegen die Stirn. »Keine schlechte Idee. Vielleicht könnten wir unsere Forderung noch ein bisschen anpassen.«

»Was meinst du?«

»Na, wir müssten sie so präzise formulieren, dass die Abgeordneten sie diesmal nicht manipulieren können … beispielsweise indem wir die Einschaltung einer Instanz fordern, die den Politikern auf die Finger schaut.«

»Oder mehrere«, überlege ich laut. »Wir werden fordern, eine Untersuchungskommission aus verschiedenen Akteuren ins Leben zu rufen. Wir müssen erreichen, dass sie sich alle gegenseitig kontrollieren.«

* * *

Im Frühjahr 2015 beginnen wir noch einmal von vorn: Abermals sammeln wir Unterschriften und begleiten die Aktion mit einer Facebook-Kampagne; inzwischen haben wir ja schon Routine damit. Nach all den Artikeln, die mittlerweile über unsere Sache geschrieben wurden, gelingt es uns im Handumdrehen, die Öffentlichkeit auf unsere Seite zu ziehen. Ständig tauchen deshalb Politiker in Owino Uhuru auf und beteuern vor laufenden Kameras, wie sehr ihnen das Schicksal der Bewohner am Herzen liegt.

Aber wir glauben ihren Beteuerungen nicht. Seit der Sache im Senat sind wir vorsichtig mit Abgeordneten geworden, die ihre Solidarität bekunden. Ich für meinen Teil denke, dass ihnen Owino Uhuru in Wirklichkeit herzlich egal ist. Das Einzige, was sie interessiert, ist ihr eigenes Image. Und solange sie das mit tatsächlichem oder auch nur vorgetäuschtem Engagement für den Slum aufpolieren können, engagieren sie sich dafür. Egal, wir versuchen jedenfalls, das Momentum für uns zu nutzen.

Dann steht das Thema auf der Tagesordnung im Unterhaus. Als die Debatte im Fernsehen übertragen wird, sitzt ganz Owino Uhuru vor den Bildschirmen. Gespannt lauschen wir den Redebeiträgen der Abgeordneten, die das Geschehen als »Umweltskandal« bezeichnen und sich gegenseitig die Schuld dafür zuweisen.

»Warum hat bislang keine öffentliche Aufarbeitung dieser Sache stattgefunden?«, fragt ein Politiker der Opposition. Er greift unsere Forderung auf, eine Untersuchungskommission zu berufen. Andere stimmen ihm zu. Am Ende beschließen sie, eine Task-Force mit Vertretern aus dem Gesundheitsministerium, der Wassermanagement-Behörde, der Staatsanwaltschaft, der Vertretung kenianischer Studenten, der Kriminalpolizei und der NEMA zu bilden.

Das ist genau das, was wir uns erhofft hatten. Luke nimmt mich in den Arm. »Siehst du? Deine Hartnäckigkeit zahlt sich aus«, sagt er. »Diesmal wird es bestimmt klappen.«

»Es muss einfach«, antworte ich und genieße die Wärme, die von seinem Körper zu mir strömt. Was würde ich nur tun, wenn er mich nicht immer wieder motivierte?

Bereits wenige Wochen später nimmt die parlamentarische Untersuchungskommission ihre Arbeit auf. Federführend ist die NEMA, aber die medizinischen Tests führt das Gesundheitsministerium durch: Ärzte werden nach Owino Uhuru geschickt, um die Kranken zu untersuchen und zur zeitlichen Entwicklung ihrer

Probleme zu befragen. Auch das Blut weiterer hundert Bewohner wird analysiert, die Fachleute erstellen eine Statistik darüber, wie viele Menschen bislang erkrankt und gestorben sind.

Mitten in dieser hektischen Aktivität bekomme ich eines Abends einen Anruf. Ich bin gerade in meiner Küche und koche Couscous mit Tomatensoße, als das Telefon klingelt. Ich kenne die Nummer nicht. Aber da der Anruf aus dem Ausland kommt, gehe ich trotzdem dran. Vielleicht ist es ja etwas Wichtiges.

»Spreche ich mit Frau Omido?«, fragt eine Frauenstimme mit einem so starken amerikanischen Akzent, dass ich sie kaum verstehe.

»Ja, am Apparat«, antworte ich. »Wer ist da?«

»Ich bin Susan Gelman von der Goldman-Stiftung«, erklärt die Anruferin. »Ich habe eine exzellente Nachricht für Sie: Sie wurden für den diesjährigen Goldman-Preis nominiert.«

Sie wartet auf eine Reaktion. Aber ich muss gestehen, dass ich noch nie von ihrer Stiftung oder einem »Goldman-Preis« gehört habe. Natürlich will ich mir das nicht anmerken lassen. »Das freut mich!«, stoße ich überrascht hervor.

»Ja, das sollte Sie auch freuen, herzlichen Glückwunsch!«, antwortet sie. »Die Preisverleihung ist in zwei Wochen in San Francisco. Sie müssen unbedingt kommen. Aber bitte erzählen Sie noch niemandem davon!« Sie verspricht, mir in Kürze ein Flugticket zu schicken. »Ein Besuch im Weißen Haus ist übrigens ebenfalls geplant.«

»Ach ja?«

»Ja, das gehört traditionell zu unserem Programm für die Preisträger. Wir haben gute Verbindungen in die Politik.«

Kaum hat sie aufgelegt, google ich auf meinem Handy nach dem Goldman-Preis. Die Tomatensoße köchelt auf dem Herd vor sich hin und riecht langsam, aber sicher ziemlich angebrannt, aber darauf kann ich nun wirklich keine Rücksicht nehmen. Ich muss erst mal recherchieren.

»Mama, wann essen wir endlich?«, höre ich King rufen.

»Sofort. Mama ist gleich fertig!«

»Der Goldman-Umweltschutz-Preis wird seit 1990 jährlich an sechs ›Umwelt-Helden‹ der Graswurzelbewegung vergeben«, lese ich auf Wikipedia. Geehrt werde jeweils ein Preisträger aus Afrika, Asien, Europa, von den Inseln und Inselstaaten, aus Nordamerika sowie aus Süd- und Zentralamerika, heißt es weiter. Dann fällt mein Blick auf das Preisgeld, und mir wird schwindelig.

KAPITEL 8

Wir verlangen Gerechtigkeit

Halb Owino Uhuru erwartet mich am Flughafen, als ich von der Preisverleihung in den Vereinigten Staaten zurückkehre. Schon bei der Zollkontrolle sehe ich sie mit ihren Bannern und Girlanden in der Eingangshalle stehen. Kaum entdecken sie mich, beginnen die Leute zu jubeln und zu tanzen. »Bravo, Phyllis!« und »Willkommen zu Hause!«, rufen sie und bewerfen mich mit Konfetti. Ich genieße das Bad in der Menge und fühle mich wie eine Berühmtheit. Und gewissermaßen bin ich das auch: Sämtliche Fernsehkanäle haben das Ereignis übertragen. Ich bin über Nacht zu einer Celebrity geworden.

Noch immer kommt mir alles wie ein Traum vor. Gerade war ich noch in Kalifornien zu Gast bei der Familie Goldman. Dass ich eine von nur sechs Personen weltweit bin, die 2015 mit diesem allerwichtigsten Preis im Umweltbereich ausgezeichnet wurden, ist eine riesige Ehre.

Susan Gelman, die Präsidentin der Stiftung und eines der vier Kinder des Stifter-Ehepaares, empfing uns in ihrer Villa in San Francisco, in der sie mit ihrem Ehemann und ihren Kindern lebt. Die Familie hat ein unglaublich großes Haus mit vielen Hausangestellten, die uns zum Essen an eine lange Tafel mit einer blütenweißen Tischdecke, edlem Geschirr und Kerzenleuchtern führten. Dort servierten sie uns verschiedene Fleischsorten,

Fisch und Meeresfrüchte in ausgefallenen Variationen. Alles schmeckte ungeheuer köstlich. So gut und so viel auf einmal habe ich in meinem ganzen Leben noch nicht gegessen. Kaum zu glauben, dass es Menschen gibt, für die das selbstverständlich ist.

Im Hotel fühlte ich mich ähnlich fremd. Die Suite, in der man mich untergebracht hatte, war viel größer als meine Wohnung in Kenia; eine Nacht dort kostet tausend Dollar – so viel wie eine Familie in Owino Uhuru ungefähr ein Jahr lang zum Leben braucht. Dieses Wissen stürzte mich in arge Konflikte. Ich hatte ein so schlechtes Gewissen, dass ich in der ersten Nacht überhaupt nicht schlafen konnte. Ich wollte mich nicht einmal in das Bett legen: Mit den feinen Kissen und den Samtbezügen mutete es zu übertrieben und zu edel an. Also ließ ich es unbenutzt und legte mich auf den Boden.

Dann kam die Nacht der Preisverleihung. Da ich als Repräsentantin des afrikanischen Kontinents auftrat, hatte ich mir ein Kleid aus der kenianischen Flagge nähen lassen und mein Haar zu Dreadlocks geflochten. Ein Blick in den Spiegel bestätigte mir, dass ich – jedenfalls im Vergleich zu den anderen Preisträgern – ganz schön »afrikanisch« daherkam. Aber genau das hatte ich mir vorgenommen: Ich wollte mein Land und meinen Kontinent repräsentieren.

Hinter der Bühne wartete ich auf meinen Auftritt. Mit feuchten Händen überflog ich immer wieder die zwei Seiten Text, die ich verfasst hatte. Als ich schließlich hörte, wie mein Name aufgerufen wurde, zuckte ich zusammen. War tatsächlich ich gemeint? Passierte das alles wirklich mir?

Mit wackeligen Knien betrat ich die Bühne. Die Scheinwerfer im Saal blendeten mich, und mir wurde bewusst, dass sämtliche Kameras auf mich gerichtet waren. Jetzt nur nicht stolpern und hinfallen! Vorsichtig setzte ich einen Fuß vor den andern und erreichte das kleine Podium mit dem Mikrofon zu meiner eigenen

Überraschung unbeschadet. Das Publikum klatschte wie wild, obwohl ich noch nicht einmal den Mund aufgemacht hatte. Ach, wenn dort unten im Saal doch jetzt nur meine Mutter säße und mich sehen könnte: Sie wäre so stolz auf mich.

Schüchtern winkte ich in die Menge und wartete, bis sich der Applaus gelegt hatte. »Vielen Dank für die Einladung, San Francisco«, sagte ich dann. »Ich fühle mich sehr geehrt, heute hier zu stehen und diese Auszeichnung empfangen zu dürfen. Ich begreife sie als große Verantwortung. Vielen Dank an alle, die das möglich gemacht haben!«

Nach diesen einleitenden Worten hatte ich zumindest einen Teil meiner Selbstsicherheit zurückgewonnen und war in der Lage, mit meiner eigentlichen Rede zu beginnen. »Als Kind wuchs ich im ländlichen Kenia auf, wir lebten sehr naturverbunden. Der Albtraum meiner Großmutter war es, dass ich bei meinen Streifzügen durch die Gegend eine giftige Frucht essen könnte oder dass mich wilde Bienen stechen würden, wenn ich in den Bäumen an ihre Waben stieß. Heute bin ich selbst Mutter und träume von der Zukunft meines Kindes. Ich träume von Liebe und Freundschaft. Ich träume von einem besseren Kenia, einem besseren Afrika, einer besseren Welt.«

Spontaner Applaus brach aus. »Danke schön«, fuhr ich fort. »Als Kind in Kenia bin ich gerne auf Bäume geklettert, die standen damals noch überall. Aber heute frage ich mich, ob mein Sohn jemals lernen wird, auf einen Baum zu klettern. Das ist mein größter Albtraum: dass mein Kind niemals die Freuden kennenlernen wird, die ich als Kind in der Natur erleben durfte. Es ist ein Albtraum, mit dem die künftigen Generationen konfrontiert sein werden, weil ihre Eltern es versäumt haben, das zu tun, was richtig für sie ist.«

Ich holte tief Luft. »Aber wenn wir alle zusammenhalten, können wir den Gegner konfrontieren«, sagte ich den Leuten. »Mächtig sind wir, wenn wir zusammenstehen, nicht, wenn jeder für sich einen einsamen Kampf führt. Mächtig sind wir auch nicht, wenn wir uns fürchten. Mächtig werden wir, wenn wir uns gegenseitig auf dieser Reise stützen. Dann können wir wie die Termiten einen riesigen Turm des Umweltschutzes bauen und unseren Kindern den Planeten hinterlassen, den sie verdienen.« Spontaner Zwischenapplaus ertönte.

»Lange standen die Zeichen gegen uns. Gemeinden sahen sich mit Systemen konfrontiert, die es darauf anlegten, sie zu zerstören. Von diesen Gemeinden wurde verlangt, dass sie um ihr Recht auf sauberes Wasser, auf klare Luft und auf Spielplätze ohne Gift bettelten. Unterdessen versteckte sich die Regierung hinter Gesetzen und Institutionen, die diese Gemeinden nicht verstehen konnten; so waren sie nicht in der Lage, ihre Rechte einzufordern. Aber heute fühle ich ganz deutlich, dass sich der Wind dreht: Der Kampf für eine bessere Umwelt gewinnt an Fahrt. Ich sehe, dass die Menschen aufwachen und erkennen: Eine intakte Umwelt ist ein Menschenrecht. Wer sich an der Umwelt vergeht, vergeht sich an unserer Zukunft. Es gibt viel zu tun. Und uns bleibt nicht mehr viel Zeit. Aber es ist nicht zu spät, wenn wir jetzt anfangen. *Asante* – vielen Dank!«

Nach meiner Rede standen die internationalen Pressevertreter und Nachrichtenagenturen Schlange, um Interviews mit mir zu führen. Ich wiederholte ihnen gegenüber meine Forderungen. Auch Fernsehsender wie die britische BBC sprachen mit mir und sendeten meine Aussagen zusammen mit Aufnahmen aus Owino Uhuru.

Die Bilder dieser letzten aufregenden Tage ziehen vor meinem geistigen Auge an mir vorbei, als ich von meinen Mitstreitern und vielen anderen Bewohnern des Slums am Flughafen empfangen werde. Alle meine Freunde sind da – und natürlich auch meine Familie: King, seine Cousine Angel, Susan und Silas, George und sogar Tante Omuche. Mit viel Mühe bahne ich mir durch das Gedränge den Weg zu ihnen. »Ich bin wahnsinnig stolz auf dich, große Schwester«, sagt Susan und umarmt mich. Sie drückt mir einen Strauß Blumen in die Hand. »Wie gut, dass du nicht auf unsere Einwände gehört hast!«

»Die ganze Familie fühlt sich geehrt«, bestätigt mein Bruder. »Sogar Großmutter hat angerufen und lässt dir gratulieren!«

»Tatsächlich?« Nur zu gut erinnere ich mich noch an ihre Kommentare, als ich ein paar Jahre zuvor verhaftet worden war.

»Ja, sie sagt, du bist unsere neue Wangari Maathai.« Das ist eine kenianische Umweltaktivistin, die den Friedensnobelpreis bekommen hat – unsere Nationalheldin sozusagen. Mir schießt das Blut in den Kopf.

Endlich habe ich mich auch zu King durchgekämpft. Er ist kein großer Freund von Trubel und wirkt angestrengt. Als ich ihn umarme, fragt er mich, ob wir bald nach Hause gehen können: Er will mich lieber für sich haben. Aber daraus wird erst mal nichts. Denn jetzt schauen die Versammelten mich ganz erwartungsvoll an. Offenbar wollen sie, dass ich eine Rede halte.

»Vielen Dank, dass ihr alle gekommen seid«, rufe ich ihnen zu. »Dieser Preis gehört uns allen. Wir haben ihn gemeinsam verdient!« Mehr fällt mir nach dem Langstreckenflug ehrlich gesagt nicht ein.

Die Journalisten drängen sich um mich und fragen nach Interviews, aber ich vertröste sie alle auf die kommenden Tage. Jetzt will ich erst mal nach Hause und mich ausschlafen. Mit King an der Hand steuere ich in Richtung Ausgang. Dort erwartet mich Alfred Ogolla.

»Wo ist das Geld, Phyllis?«, fragt er mich.

»Welches Geld?«

»Na, die 150 000 Dollar. Hast du sie nicht mitgebracht?«

Oje! Offenbar haben die Medien auch über das ungeheuer hohe Preisgeld berichtet. Nun verstehe ich auch, warum so viele Menschen hier sind.

»Wo ist es?«, fragt Alfred noch einmal und sieht sich nach Taschen oder Koffern um, in denen er die vielen Scheine vermutet, die er sich bei dieser Summe vorstellt. Wie alle Slumbewohner kennt er nur Bargeld. Ich sehe die begierigen Blicke der Leute, die sich inzwischen um uns geschart haben. Sie alle gehen offenbar davon aus, dass ich packenweise Geld bei mir trage – und es jeden Moment verteilen werde.

»Das Geld ist nicht hier.«

»Aber warum denn nicht? Im Fernsehen hieß es doch …«

»Es wird später auf die Bank überwiesen.«

Auf Alfreds Gesicht macht sich Enttäuschung breit. Und auch die Mienen derjenigen, die zuhören, verdüstern sich.

»Aber du weißt schon, dass das Geld nicht dir alleine gehört?«, stellt der Dorfälteste klar, bevor es meiner Familie gelingt, mich zum Auto zu bugsieren.

Ehrlich gesagt hatte ich bis dahin noch gar nicht darüber nachgedacht, was mit dem Geld geschehen soll. Doch in den nächsten Tagen entkomme ich diesem Thema nicht mehr. Ständig klingelt das Telefon. Aber nach den ersten Bettelanrufen gehe ich nicht mehr ran.

Am Wochenende habe ich endlich Gelegenheit, mit Luke zu sprechen. Leider können wir uns nur noch sporadisch sehen, weil er in ein anderes Krankenhaus versetzt wurde, das Hunderte von Kilometern weit entfernt liegt, fast eine Tagesreise. Luke vermutet, dass sein Arbeitgeber damit verhindern wollte, dass er an den Wochenenden weiterhin gratis für die Menschen in Owino Uhuru arbeitet.

Für mich und King war das ein schwerer Schlag. Wir beide vermissen Luke schrecklich. Deshalb freuen wir uns sehr, wenn er zumindest hin und wieder die Reise mit dem Fernbus auf sich nimmt.

»Das Geld gehört dir, Phyllis«, bestärkt mich mein Freund. »Dein Engagement wurde ausgezeichnet.«

»Sie verlangen aber, dass ich es im Slum verteile. Und ohne die Unterstützung der Bewohner wäre dieser Erfolg auch nicht möglich gewesen.«

»Klar. Aber überleg mal, wie viele Menschen in Owino Uhuru leben: Spätestens nach ein paar Monaten hätte jede Familie ihren Anteil aufgebraucht. Die Leute hätten ein paar Mal gut gegessen und stünden ansonsten noch genauso mittellos da wie vorher. Setz es lieber für einen Gerichtsprozess ein.«

Ich denke darüber nach und mache eine Bestandsaufnahme, wo wir im Moment stehen: Die Kommission des Parlaments hat ihre Untersuchung inzwischen abgeschlossen, aber ihren Bericht noch nicht veröffentlicht. Außerdem hat mich kürzlich das deutsche Öko-Institut angerufen, das sich mit dem Grad der Bleivergiftung in 17 Gemeinden Kenias beschäftigt, wo ebenfalls industrielle Recycling-Anlagen aktiv gewesen waren; das Institut hat mir eine Erfassung der Kontamination in Owino Uhuru angeboten.

Wieder einmal rufe ich Charles Onyago an. »Meinst du nicht, dass wir inzwischen genug Daten beisammenhaben, um eine Auseinandersetzung zu wagen?« Nur zu gut habe ich seine Warnung vor einem juristischen Feldzug im Kopf.

Er denkt eine Weile nach. »Wenn du sämtliche Ergebnisse schwarz auf weiß vorliegen hast, hätten wir vielleicht eine Chance«, antwortet er vorsichtig. »Aber ich kann für nichts garantieren.«

»Nein, natürlich nicht.«

Doch diese Aussage genügt mir, um meine Entscheidung zu fällen: »Ich werde dem Center for Justice die Hälfte des Preisgeldes zur Verfügung stellen, um den Gerichtsprozess zu bestreiten. Und von der anderen Hälfte werde ich ein Stück Land für unser Büro kaufen und zwei Mitarbeiter einstellen«, verkünde ich Luke, als wir das nächste Mal telefonieren. Seit ich den Preis gewonnen habe, ist das Arbeitsvolumen im Center for Justice enorm angestiegen: Ständig bekomme ich Einladungen oder soll zu irgendetwas Stellung nehmen; dabei brauche ich Unterstützung.

»Gratulation«, sagt Luke. »Das ist eine gute Entscheidung!«

Ach, wenn er doch jetzt nur hier wäre und mich in die Arme nehmen könnte. In Situationen wie dieser wird mir seine Abwesenheit besonders schmerzlich bewusst.

* * *

Am 20. Februar 2016 ist es so weit: Im Namen der 3000 Bewohner Owino Uhurus reicht das Center for Justice eine Sammelklage ein. Sie richtet sich gegen die Metal Refinery und Hesron Awitis Firmenkomplex, außerdem bezichtigen wir sechs Regierungsstellen: die NEMA, das Gesundheitsministerium, das Umweltministerium, die EPZ, die Regionalregierung von Mombasa und die Staatsanwaltschaft. Unser Vorwurf lautet, dass sie ihre Fürsorgepflicht vernachlässigt haben und deshalb für die Erkrankung beziehungsweise den Tod mehrerer Hundert Menschen verantwortlich sind. Dabei beziehen wir uns auf die kenianische Verfassung, die jedem Staatbürger das Recht auf eine »gesunde und saubere Umwelt« garantiert. Mit diesem Grundrecht verknüpfen wir eine Reihe von Forderungen, die auf der Feststellung basieren, dass die Angeklagten dieses Recht missachtet haben.

Von allen Angeklagten mit Ausnahme der Staatsanwaltschaft verlangen wir, innerhalb von 90 Tagen jene Maßnahmen zur Säuberung von Owino Uhuru zu implementieren, die der Untersuchungsausschuss des Kongresses laut seinem Bericht für adäquat hält. Außerdem fordern wir von den Ministerien einen nationalen Aktionsplan, der sicherstellt, dass die Richtlinien der Basler Konvention für das umweltgerechte Management von Altbatterien angewandt werden. Von der EPZ, der Regionalregierung von

Mombasa, und der NEMA verlangen wir außerdem, Schritte in die Wege zu leiten, die garantieren, dass bei der Lizenzierung und Überwachung von Firmen, die mit gefährlichen Substanzen arbeiten, die in der Verfassung garantierten Rechte der Bürger in Zukunft geachtet werden.

Es ist ein gewagter Angriff. Nicht nur aufgrund der Schwere der Vorwürfe, sondern vor allem, weil wir gleich mehrere staatliche Institutionen attackieren, im Prinzip die halbe Regierung.

Unser Schritt bleibt nicht ohne Widerhall. Kaum macht die Nachricht von der Klage die Runde, geht es mit den Schikanen los. Noch am selben Tag ziehen Hesron Awitis Männer mit Lautsprechern durch Owino Uhuru und versuchen, die Leute einzuschüchtern. »Wir werden sämtliche Hütten zerstören«, drohen sie. »Wenn ihr gegen Awiti vor Gericht zieht, wird die gesamte Siedlung mit Bulldozern plattgemacht.«

Einige Slumbewohner sind daraufhin sehr verunsichert und beschwören uns, die Klage fallen zu lassen. »Es ist ein Fehler, sich mit den Mächtigen anzulegen«, warnen sie, »wir sind auf Awitis Wohlwollen angewiesen.« Die Menschen fürchten sich nicht nur davor, ihr Zuhause zu verlieren. Sie fürchten sich auch vor Gewalt.

Da Owino Uhuru über keinerlei Straßenbeleuchtung verfügt, ist die Unsicherheit abends besonders groß. Sobald die Sonne untergeht, schickt Awiti Unruhestifter: Junge Männer von außerhalb, die mit Schlagstöcken durch die Gassen ziehen. Sie haben den Auftrag, all diejenigen einzuschüchtern, die die Klage namentlich unterschrieben haben. Insgesamt sind wir zehn Kläger, die symbolisch für den Rest der Siedlung stehen: unsere Hauptklägerin ist die älteste Bewohnerin, Franziska Muilu.

Für unsere Gegner geht es zunächst darum, die Anklageschrift und die Liste der Unterzeichner zu ergattern. Meine treueste Verbündete Anastasia knöpfen sie sich als Erste vor. Eines Abends stehen sie vor dem Haus der Pastorin, doch Anastasia ist nicht daheim. »Meine Mutter ist nicht da«, ruft ihre 13-jährige

Tochter und hofft, dass die Schläger wieder gehen. Doch die Männer treten einfach die Tür ein. Sie durchsuchen die gesamte Wohnung und werfen dabei alles wild durcheinander. »Wo sind die Gerichtsunterlagen?«, brüllen sie das Mädchen an. »Richte deiner Mutter aus, dass wir Owino Uhuru mit ihrem Blut reinigen werden, wenn sie sie nicht rausrückt!«

Als Anastasia nach Hause kommt, findet sie ihre Tochter völlig aufgelöst vor. Aus Angst, dass die Männer wiederkommen, verbringt die Familie die Nacht in Anastasias Kirche. Am nächsten Tag verschwindet Anastasia mit ihren Kindern für eine Weile zu Verwandten nach Uganda.

Als Nächstes kommen sie zu Alfred Ogolla. Um zehn Uhr abends, Alfred will sich gerade schlafen legen, vernimmt der Dorfälteste ein lautes Pochen an seiner Tür. »Aufmachen!«

»Wer ist da?«

»Wir sind Rechtsanwälte«, behauptet eine Stimme von draußen. »Wir verlangen, dass du uns die Gerichtsunterlagen übergibst.«

Alfred, der mit seiner Frau allein daheim ist, hat tatsächlich eine Kopie unserer Anklageschrift. Aber er denkt nicht im Traum daran, den Männern die Tür aufzumachen. »Ich habe die Unterlagen nicht.«

»Das wollen wir erst mal sehen. Wenn du uns nicht öffnest, werden wir dein Haus anzünden!«

Durch das Fenster kann Alfred sehen, wie die Männer die Wände seiner Behausung mit Benzin übergießen. Mit zitternden Fingern wählt er die Nummer seines Sohnes Ford. Alfred flüstert: »Da sind Männer, die wollen unser Haus abfackeln!«

»Ich bin schon unterwegs, Papa«, verspricht Ford, der glücklicherweise nur wenige Gassen entfernt wohnt.

»Was ist dir wichtiger: die Unterlagen oder dein Haus?«, tönt es von draußen. »Scheinbar will er lieber verbrennen«, ruft ein anderer höhnisch. »Störrischer alter Mann …«

Als die Männer schon ihre Feuerzeuge schnalzen lassen, um das Haus in Brand zu setzen, taucht am Ende der Gasse Ford mit ein paar Freunden auf. Sie haben sich mit Knüppeln und Macheten bewaffnet. »Zieht Leine, ihr Feiglinge!«, brüllt Alfreds Sohn.

Bald tobt eine heftige Schlägerei zwischen den beiden Gruppen. Doch da immer mehr Jugendliche aus Owino Uhuru hinzuströmen, um Ford und seine Leute zu unterstützen, ist schnell klar, dass die Brandstifter keine Chance haben. Und so taucht einer nach dem anderen in die Dunkelheit ab.

Erst als sämtliche Angreifer verscheucht sind, kommen Alfred Ogolla und seine Frau aus dem Haus. Sie sind zutiefst gerührt vom Einsatz der jungen Männer. »Ich habe euch unser Leben zu verdanken«, sagt Alfred, dem klar ist, dass er nicht länger in seinem Haus bleiben kann. In der ersten Nacht schlafen Alfred und seine Frau bei Ford. Tags darauf kommen sie zu mir ins Büro, und wir beraten, wie wir auch die beiden eine Weile aus der Schusslinie bringen können. Glücklicherweise habe ich inzwischen ein kleines Budget für solche Fälle: Mit dem Geld der »Civil Rights Defenders« miete ich eine Bleibe in einer anderen Stadt, wo sich die Ogollas mehrere Monate lang verstecken können.

Während in Owino Uhuru eine Atmosphäre der Angst herrscht, verschiebt sich der Beginn der Verhandlung immer weiter nach hinten. Der Grund: Den Hauptangeklagten Kumar Vorq und Viresh Bhatavea kann ihre gerichtliche Vorladung nicht übergeben werden, die Firmenbosse haben sich nach Indien abgesetzt. Und auch Hesron Awiti lässt sich verleugnen, sobald ein Gerichtsbote vor den Toren seiner Firma auftaucht; laut Gesetz muss ihm das Schreiben aber persönlich übergeben werden. Selbst die zuständige Richterin fühlt sich mittlerweile ziemlich verschaukelt, weil zu den Terminen, die sie anberaumt, nie ein Vertreter der Gegenseite erscheint.

Bei einem dieser Termine betritt unsere Hauptklägerin Franziska Muilu in Begleitung von zwei Polizisten den Gerichtssaal.

Ich frage mich, ob in der Nacht wieder irgendetwas passiert ist, ob man vielleicht versucht hat, sie einzuschüchtern. Doch Franziska wirkt eigentlich ganz fidel. Doch dann erklärt sie der Richterin, dass sie die Klage zurückziehen wolle. Sie habe auch eine Liste mit Namen und Unterschriften von Menschen aus Owino Uhuru mitgebracht, die ihren Schritt unterstützen würden. »Phyllis Omido hat mich unter Druck gesetzt«, behauptet sie. »Sie hat mir eine Pistole an den Kopf gehalten und mich gezwungen, ihre Klage zu unterstützen. Nur deshalb habe ich mich dazu hinreißen lassen.«

»Ist das wahr?«, fragt mich die Richterin.

Mir bleibt der Mund offen stehen. »Aber Franziska«, sage ich. »Was redest du denn da? Wir wissen doch beide, dass das nicht stimmt.«

»Es stimmt sehr wohl«, behauptet die alte Frau trotzig.

Franziska sieht weder eingeschüchtert noch verschreckt aus. Fast meine ich, auf ihren Lippen ein Lächeln wahrzunehmen. Da bin ich mir plötzlich sicher, was für ein Spiel sie mit uns spielt: Franziska muss von der Gegenseite Geld erhalten haben. Am liebsten würde ich sie auf der Stelle erwürgen, diese Schlange.

»Kann ich diese Liste mal sehen?«, frage ich.

Sie wird mir vorgelegt. Sorgfältig studiere ich die Namen und bleibe bereits am dritten hängen. Hier ist Karisas Verlobte vermerkt. Will Franziska mich zum Narren halten? »Linett ist doch bereits im vergangenen Jahr gestorben«, wende ich empört ein. »Ich war persönlich auf ihrer Beerdigung. Hat sie eure Liste etwa im Grab unterschrieben?!«

Franziska senkt beschämt die Augen. Offenbar hat sie sich die Liste nicht genau genug angeschaut, bevor sie das Geld einsteckte und sich für diesen miesen Auftritt hergab. Ich finde unter den angeblichen Unterzeichnern fast ein Dutzend Namen von Menschen, die nicht mehr am Leben sind. Die gefälschte

Liste ist so dilettantisch gemacht, dass auch die Richterin nicht schwer davon zu überzeugen ist, dass es sich um Betrug handelt.

»Nun gut«, sage ich zu Franziska und bemühe mich, gelassen zu klingen, obwohl ich unglaublich wütend bin. »Wenn du von der Klage zurücktreten willst, ist das kein Problem. Wir werden deinen Namen von der Anklageschrift entfernen.« Ich überlege, wen wir als Ersatz nehmen könnten: Wenn die älteste Bewohnerin Owino Uhurus den symbolträchtigen Platz als Hauptanklägerin nicht will, sollten wir vielleicht eines der Kinder benennen, beispielsweise den Jungen mit dem höchsten Bleivergiftungsgrad.

»Calvin Musyoka wird dich ersetzen«, verkünde ich.

Franziska schaut mich irritiert an. Hat sie wirklich geglaubt, dass wir die Klage fallen lassen würden, nur weil sie nicht mehr mitspielt? Fast bin ich beleidigt, dass sie mich für so einfallslos hält.

* * *

Monatelang hält Hesron Awiti uns zum Narren. Immer wieder muss die Verhandlung vertagt werden, da er nicht auffindbar ist. Doch irgendwann wird es auch der Richterin zu dumm mit der Warterei auf die Angeklagten: Im Frühjahr 2017 verfügt sie, die Vorladungen in der Zeitung *The Standard* zu veröffentlichen. Eigentlich ist das juristisch nicht haltbar. Aber sie macht es einfach, weil sie keine andere Lösung sieht, den Spielchen ein Ende zu setzen. Wenn die Angeklagten dann trotzdem nicht den Weg in den Gerichtssaal fänden, würde die Verhandlung eben in ihrer Abwesenheit stattfinden.

Kaum ist die Vorladung in der Zeitung erschienen, verschlechtert sich die Sicherheitslage für uns noch einmal dramatisch: Anastasia, die inzwischen aus Uganda zurückgekehrt ist, um an den Verhandlungen teilzunehmen, wird nachts von Unbekannten mit Pfefferspray angegriffen. Andere Kläger verprügelt man auf offener Straße, und zwei Zeuginnen entgehen nur knapp einer Vergewaltigung.

Auch ich selbst fühle mich längst nicht mehr sicher. Inzwischen besitze ich drei Hunde: Neben Fluffy habe ich mir noch einen weiteren Terrier angeschafft: Spice. Der dritte im Bund ist ein großer Schäferhund namens Bold. Ich kann nur hoffen, dass sie mich beschützen, wenn es hart auf hart kommt. Aber immerhin ist es mir gelungen, einen jungen Mann als Spitzel in Awitis Schlägerbande einzuschleusen: Issio kenne ich schon lange, wir waren gemeinsam verhaftet worden. Ich vertraue ihm.

Im März 2017, zwei Tage nach unserer ersten Anhörung, ruft mich Issio an. Ich befinde mich gerade in Südafrika auf dem Weg zu einer internationalen Umweltkonferenz, als mein Handy surrt. Seit ich den Goldman-Preis erhalten habe, bekomme ich oft solche Einladungen. »Wo ist King?«, fragt mich Issio.

Ich erkenne die Stimme meines Spions und frage ihn, was los ist. »Warum klingst du so aufgeregt?«

»Du musst ihn sofort in Sicherheit bringen«, sagt er. »Sie planen, ihn zu entführen.«

Mir bleibt fast das Herz stehen. Mein Sohn ist mein wunder Punkt. Ich habe immer versucht, ihn aus allem herauszuhalten. Und jetzt, wo er in Gefahr ist, bin ich nicht einmal da.

Ich verständige sofort meine Mitarbeiterin Habiba Fora. Sie ist im Büro meine Stellvertreterin, wenn ich auf Reisen bin. »Habiba, du musst King sofort von der Schule abholen«, weise ich sie an.

»Alles klar.« Habiba stellt keine weiteren Fragen.

Als Nächstes verständige ich Henry. »King geht es nicht gut. Kannst du bitte zum Treffpunkt kommen?«

Auch er versteht sofort. »Du kannst dich auf mich verlassen.«

Seit Längerem schon haben wir einen Notfallplan für eine solche Krisensituation festgelegt. Damit Habiba King von der

Schule abholen kann, habe ich ihr eine Vollmacht ausgestellt. Die Schuldirektorin ist informiert, dass sie King im Fall der Fälle auch mitten in der Unterrichtsstunde gehen lassen muss.

Von der Schule bringt Habiba King zu dem Treffpunkt, den ich mit ihr und Henry vereinbart habe: An einer Tankstelle auf halber Strecke zwischen meinem Wohnort und Mombasa wechselt der Junge den Wagen und fährt mit Henry weiter. Der bringt ihn direkt zum Flughafen und löst zwei Tickets nach Nairobi. Alles läuft nach Plan, und noch am selben Abend treffen die beiden bei meiner Tante Esther ein.

»Hier wirst du ein paar Tage bleiben, bis deine Mama kommt«, erklärt Henry meinem Sohn, der sich natürlich gehörig über die ganze Aktion wundert.

»Ist mit Mama alles in Ordnung? Wie lange dauert es denn, bis sie kommt?«

»Nicht lange«, verspricht Henry, bevor er sich auf den Rückweg macht.

Unterdessen sterbe ich vor Sorge um mein Kind und versuche verzweifelt, in Johannesburg meinen Flug umzubuchen. Schließlich ergattere ich einen Platz für den nächsten Tag. Bevor es morgens losgeht, erreiche ich endlich auch Habiba. »Ist alles in Ordnung?«, frage ich sie aufgeregt.

»Ja, mit King ist alles in Ordnung. Er wartet in Nairobi auf dich.«

»Gott sei Dank.« Aber Habibas Stimme verrät mir, dass sie noch nicht alles gesagt hat. »Ist sonst alles klar?«

»Kamenchus Sohn wurde entführt.«

Kamenchu ist ein Aktivist und wichtiger Zeuge in unserem Prozess. Erst kürzlich hatten Unbekannte versucht, sein Haus anzuzünden. Und nun haben sie seinen Sohn Michael in ihrer Gewalt. Vielleicht, weil sie nicht an King herankamen. Mir wird ganz flau.

»Michael hat draußen auf der Straße vor der Wohnung gespielt«, berichtet Habiba. »Da hielt plötzlich ein Wagen mit verdunkelten Scheiben an. Der Beifahrer rief den Jungen zu sich. Als Michael nah genug herangekommen war, hat er ihn ins Auto gezerrt.«

»Das ist ja furchtbar.« Ich weiß nicht, was ich sagen soll. »Habt ihr seitdem etwas gehört?«

»Nein, nichts. Es gibt auch keine Forderungen.«

»Bitte richte Kamenchu aus, dass wir alles tun werden, um seinen Sohn unversehrt wiederzubekommen.«

Während des gesamten Fluges nach Nairobi denke ich an Michael. Als die Maschine landet, rufe ich sofort Habiba wieder an. Doch noch immer fehlt jede Spur von dem Jungen. Inzwischen haben Kamenchu und seine Frau die Polizei verständigt. Aber die habe es nicht besonders eilig, berichtet mir Habiba, während ich am Gepäckband auf meinen Koffer warte. Kinder verschwänden öfter mal für eine Weile, meinten die Beamten, erst nach 48 Stunden Abwesenheit wollten sie anfangen zu ermitteln. »Ich denke, sie glauben Kamenchu auch nicht, dass sein Sohn entführt wurde.«

»Klar«, sage ich. Alles andere hätte mich bei der lokalen Polizei, die sich von Awiti schmieren lässt, auch erstaunt. »Dann müssen wir den Ball eben über die Vereinten Nationen spielen!«

Noch im Transitbereich rufe ich meine Freundin Marcella Fauretto vom UNHCR an und berichte ihr von unserem Problem. »Vielleicht könnte jemand von der UN dazu Stellung beziehen?«, schlage ich vor, während ich in Richtung Ausgang laufe.

»Ich werde mich mal umhören, ob das geht«, verspricht sie.

Dann sehe ich Esther und King auf der anderen Seite der Absperrung. »Maaama!«, ruft er, als er mich kommen sieht, und rennt mir entgegen. Ich lasse den Koffer fallen und schließe meinen Jungen in die Arme. Es gelingt mir nicht, meine Tränen zurückzuhalten.

»Was ist denn los, Mama?«, fragt er mich, als er sieht, dass ich weine. »Warum bist du traurig?«

»Aber ich bin doch gar nicht traurig! Ich freue mich nur so, dich zu sehen.«

King wirft mir einen zweifelnden Blick zu. Er ist mittlerweile fast elf Jahre alt und nimmt längst nicht mehr alles, was ich sage, unhinterfragt hin.

»Ich habe mir Sorgen gemacht, als Habiba mich von der Schule abholte und Henry mich hierhergebracht hat«, sagt er. »Ich dachte, dir sei etwas passiert.«

»Nein, alles in Ordnung«, beruhige ich ihn. »Ich dachte einfach, du würdest gerne mal wieder deine Tante besuchen …«

»Wann fahren wir nach Hause?«, fragt mich King.

»Aber ich bin doch gerade erst gekommen! Esther wäre bestimmt traurig, wenn wir so schnell wieder gehen.« Ein Blick in Esthers Gesicht zeigt mir, dass ich damit richtigliege. »Tausend Dank für deine Hilfe«, murmele ich.

»Selbstverständlich! Ich freue mich, dass ihr da seid.«

* * *

Noch am Abend gibt Habiba eine Pressemitteilung heraus. Und ich rufe alle meine Freunde in den Zeitungsredaktionen und Rundfunkstationen an. Aber keiner interessiert sich für Michaels Entführung. Zumindest greift niemand die Meldung auf; ich bin ziemlich ernüchtert. Aber zumindest gibt der UN-Menschenrechtsbeauftragte, John Knox, am nächsten Tag ein Statement heraus: Er fordert die kenianische Polizei explizit auf, die Entführung von Michael Kamenchu zu untersuchen, da sie im Zusammenhang mit dem Prozess gegen die Metal Refinery und verschiedene Regierungsinstitutionen stehen könnte.

Knox sagt also nichts anderes als wir am Vortag in unserer Pressemitteilung. Doch diesmal schwappt die Nachricht über die internationalen Agenturen nach Kenia – und deshalb finden die Medien sie mit einem Mal spannend. Alle greifen sie auf und unter dem Hashtag #BringBackMichael geht es auch auf Facebook und Twitter um nichts anderes mehr.

Früh am Morgen des nächsten Tages klingelt mein Telefon. Der Anruf kommt von unserer Büronummer, die ich wegen meiner Reise auf mein Handy umgeleitet hatte. »Spreche ich da mit dem Center for Justice?«, erkundigt sich eine Frau zaghaft.

»Ja, richtig.«

»Wir haben Michael gefunden«, sagt sie.

Das ist eine wunderbare Nachricht, trotzdem bin ich misstrauisch. »Woher wissen Sie denn, dass es Michael ist?«

»Wir haben ihn aufgrund der Bilder auf Facebook erkannt.«

Die Frau berichtet, sie sei abends mit einer Freundin auf dem Weg zu einem Hotel außerhalb von Mombasa gewesen, in dem die beiden arbeiteten. Dort, mitten auf der Straße, hätten sie den Jungen getroffen. »Er hat uns gefragt, wie er nach Owino Uhuru kommt. Er war ziemlich verzweifelt. Schnell haben wir begriffen, dass dies der verschwundene Junge sein musste. Dann haben wir ihn erst mal mit in das Hotel genommen.«

»Und da ist er jetzt immer noch? Können wir ihn abholen?« Fast erwarte ich, dass sie irgendwelche Geldforderungen stellt.

Aber die Frau sagt nur: »Ja, natürlich. Er wartet hier bei uns.«

Ich lasse mir die Adresse des Hotels geben, dann verständige ich die Eltern des Jungen. Als Nächstes kontaktiere ich Henry, der sich sofort auf den Weg macht. Tatsächlich findet er die beiden Frauen und Michael in der Hotellobby. Uns allen fällt ein Stein vom Herzen, dass der Junge unversehrt ist.

Später, bei der Vernehmung durch die Polizei, wiederholen die beiden Frauen die Geschichte, die sie mir bereits am Telefon erzählt haben – und Michael bestätigt sie: Er berichtet, dass seine Entführer ihn mitten auf der Straße aus dem Wagen geschubst hätten. Zuvor sei er tagelang gefesselt, mit verbundenen Augen und mit einem Knebel im Mund im Kofferraum ebendieses Wagens gelegen. Den Knebel hätten die Männer nur entfernt, um ihm etwas Wasser einzuflößen. Sie hätten mit einem Akzent von der Küste geredet, kämen also wahrscheinlich aus der Umgebung von Mombasa. Sonst könne er nichts über sie sagen.

Ich bin überzeugt, dass Michaels Peiniger nervös wurden, als die UN sich einschaltete und sämtliche Medien über die Entführung berichteten. Was sie mit Michael angestellt hätten, wenn wir keine Unterstützung bekommen hätten, will ich mir lieber nicht vorstellen. Aber der Vorfall hat uns auf dramatische Weise gezeigt, dass wir in Zukunft noch vorsichtiger sein mussten.

Aus diesem Grund lasse ich King vorerst bei meiner Tante in Nairobi und fliege allein nach Mombasa zurück. Auf dem Flug schwirren mir tausend Fragen durch den Kopf, die sich zu der immer gleichen verdichten: Ist meine Wohnung noch sicher oder sollte ich uns eine neue Bleibe suchen? Mach dich nicht verrückt, Phyllis, versuche ich, mich zu beruhigen. Immerhin haben wir ja die Hunde, die auf uns aufpassen und auf die ich mich jetzt schon riesig freue.

Als ich den Schlüssel ins Schloss meiner Wohnungstür stecken will, stelle ich fest, dass die Tür nur angelehnt, aber nicht verriegelt ist.

Langsam trete ich durch die Tür. Anders als ich erwartet habe, begrüßt mich kein Gebell. »Hallo!«, rufe ich meine Hunde, »Mami ist zurück!« Merkwürdig, dass sie nicht sofort zu mir gerannt kommen. Ich finde die Hunde im Wohnzimmer. Sie wirken sehr, sehr aufgeregt, aber mich beachten sie kaum. Unentwegt starren sie in Richtung Esstisch. Ich meine, von dort ein Knurren zu vernehmen. Vorsichtig bücke ich mich, um nachzusehen, was es damit auf sich hat. Ich erschrecke mich fast zu Tode, als ich ein dunkles Etwas mit feuerroten Augen entdecke. Mein erster Impuls ist, raus aus der Wohnung. Draußen schreie ich: »Hilfe! Hilfe! Da ist irgendein Tier!«

Aus dem Inneren meiner Wohnung dringen laute Geräusche. Offenbar ist ein Kampf zwischen meinen Hunden und dem

Seltsamen ausgebrochen. Was zum Teufel ist das für ein Vieh? Und wie ist es in meine Wohnung gelangt? »Bitte helft mir!«, rufe ich erneut.

Endlich rücken die ersten Nachbarn an. Als ich ihnen völlig atemlos erzähle, was in meiner Wohnung los ist, holen sie Eisenstangen und Knüppel. Einige bringen auch ihre eigenen Hunde mit, um Jagd auf das Tier zu machen. Hunde und Männer liefern sich ein fürchterliches Gemetzel mit dem seltsamen Wesen, dem die Bisse und Schläge überhaupt nichts auszumachen scheinen.

Endlich gelingt es einem Nachbarjungen, einen Sack über den Kopf der Bestie zu werfen. Für einen Moment orientierungslos, gerät sie ins Taumeln, und schnell schlägt von hinten einer der Männer mit seiner Eisenstange zu. Auch die anderen dreschen auf den Sack ein, bis sich das Tier nicht mehr rührt. Vorsichtig zieht einer den Sack weg, dann nähern wir uns alle zögernd, um es aus der Nähe zu betrachten. Es ist ein riesiger afrikanischer Wildhund.

Meine Wohnung gleicht einem Schlachtfeld, überall ist Blut. Meine Hunde sind übel zugerichtet, besonders meine süße Fluffy: Die Terrierdame sieht aus, als hätte man sie durch den Fleischwolf gedreht. Ganze Fellbüschel fehlen, überall klaffen große Bisswunden. Es ist ein Wunder, dass sie überhaupt noch atmet.

Nachdem ich mich vergewissert habe, dass von den Nachbarn keiner ernsthaft verletzt ist, bitte ich einen von ihnen, mich zum Tierarzt zu fahren. Auch Spice und Bold müssen behandelt werden. Während der Veterinär die Tiere wieder zusammenflickt, sickert mir langsam, aber sicher die Erkenntnis ins Bewusstsein, dass dies ein Mordversuch gewesen war. Und er galt nicht Fluffy, sondern mir. Man hatte mich umbringen und es wie einen Unfall aussehen lassen wollen. Ich sehe die Meldung schon vor mir: »Die kenianische Umweltaktivistin Phyllis Omido wurde von einem wilden Tier getötet.« Das mag in anderen Teilen der Welt vielleicht sogar glaubwürdig klingen: In Afrika gibt es schließlich jede Menge gefährliche Tiere. Aber ein Hyänenhund, wie die Tiere wegen ihrer Musterung auch genannt werden, in einer Wohnung nahe Mombasa? Wie sollte das Tier aus der Savanne bitte schön dort hingekommen sein? Nein, wenn die Täter gedacht hatten, sie könnten den Anschlag wie einen Unfall aussehen lassen, waren sie auf dem Holzweg. Jemand musste das Tier gezielt in meine Wohnung gebracht haben. Und das bedeutete, dass zumindest einer meiner Nachbarn meinen Wohnort an meine Gegner verraten haben musste. Vielleicht waren auch mehrere von ihnen beteiligt. Fakt ist, ich bin dort nicht mehr sicher, auch wenn alle anderen Nachbarn tapfer für mich gekämpft haben. Doch das nächste Mal kommen sie vielleicht zu spät.

Ich rufe meine Tante an und bitte sie, King noch eine Weile Asyl zu gewähren, während ich eine neue Bleibe für uns suche. Esther ist bestürzt, als ich ihr berichte, was passiert ist.

»Du solltest besser ebenfalls nach Nairobi kommen«, findet sie.

Ich würde nichts lieber als das tun. Doch ich denke auch an unseren Gerichtsprozess, der dann wahrscheinlich bis in alle Ewigkeit vertagt würde. »Danke, das ist lieb, aber ich muss hierbleiben«, antworte ich deshalb.

Ich kehre nie wieder in die alte Wohnung zurück. Stattdessen bitte ich Freunde, meine Möbel und alle persönlichen Sachen abzuholen. Ich ziehe in eine Siedlung, die von einer hohen Mauer umgeben ist. Um von der Straße aus zu meinem Haus zu gelangen, muss man zwei bewachte Checkpoints passieren. Weil mir auch diese Sicherheitsmaßnahmen kaum ausreichend erscheinen, besorge ich mir drei weitere Schäferhunde. Einer wird Bold, Spice und Fluffy unterstützen. Die anderen beiden bewachen ab sofort unser Büro. Für alle sechs engagiere ich einen Trainer, der normalerweise Polizeihunde ausbildet. Er soll aus meinen lieben Haushunden gefährliche Kampfmaschinen machen.

Täglich beobachte ich ihn beim Training. Auch wenn ich finde, dass der Mann ziemlich rabiat und streng vorgeht, muss ich ihm zugutehalten, dass die Hunde schnell Fortschritte machen. Sie lernen, auf Kommando anzugreifen, harmlose Personen von gefährlichen zu unterscheiden. Dabei hilft ihnen offenbar ein bestimmter Geruch, den Menschen, die Übles planen, ausströmen.

Mit gemischten Gefühlen beobachte ich, wie sich meine Kuschel-Kumpane verwandeln. Schnell wird klar, dass vor allem die Schäferhunde so scharf sind, dass ich sie nicht länger im Haus halten kann. Denn auch untereinander haben die Hunde jetzt oft Streit und beginnen, ohne ersichtlichen Grund zu raufen. Sowohl im Center for Justice als auch bei mir zu Hause lasse ich Zwinger für sie errichten. Nur nachts, wenn die Tore zu den beiden Anlagen verschlossen sind, dürfen sie im Innern des Geländes frei herumlaufen und ihr Revier bewachen. So habe ich es auch mit den Nachbarn abgestimmt.

Nur für meinen Liebling Fluffy mache ich eine Ausnahme: Der Terrier bleibt mein Schoßhund und darf auch weiterhin bei mir und King im Haus leben. Als mein persönlicher Wachhund hat Fluffy nun die Aufgabe, mein Bett zu sichern. Dafür hat sie am meisten Talent – und sei es, dass sie gemeinsam mit mir und King im Bett kuschelt.

* * *

Wenige Wochen nach meinem Umzug – King ist immer noch in Nairobi – mache ich mit Silas Einkäufe in Mombasa. Ich brauche noch einige Stücke für die Wohnung. Auf dem Rückweg bemerken wir, dass ein Wagen ohne Nummernschild hinter uns fährt. Immer wieder erhöht er plötzlich abrupt die Geschwindigkeit und fährt so dicht auf, dass er uns fast touchiert.

»Ey, was soll das?«, fragt Silas, den Blick auf den Rückspiegel geheftet. »Was will der von uns?«

»Keine Ahnung«, antworte ich, »pass lieber auf, wohin du fährst!«

Aber da ist es bereits zu spät: Silas hat das Steuer verrissen, und wir rauschen auf ein riesiges Schild am Straßenrand zu. Mit voller Wucht knallen wir gegen ein Plakat, das für schnelles Internet wirbt. Ich spüre, wie der Wagen zusammengeschoben wird, höre die Windschutzscheibe splittern, danach wird alles schwarz. Als ich wieder zu mir komme, bemerke ich einen merkwürdigen Geruch. »Silas! Wir müssen raus hier, schnell!« Aber mein Bruder rührt sich nicht. Panik erfasst mich. Mühsam quetsche ich mich aus der verbeulten Beifahrertür und krabble ins Freie. Von irgendwoher aus dem Wagen kommt Rauch. Während ich um das Auto haste, sehe ich, wie der Wagen ohne Nummernschild mit hoher Geschwindigkeit in der Ferne verschwindet.

Es gelingt mir, Silas ins Freie und vom Wagen wegzuzerren. Mein Bruder ist bewusstlos, aber er atmet. Sein Kopf ruht in meinem Schoß, immer wieder streichele ich seine Stirn und seine Wangen. »Es tut mir so leid, Silas. Das ist alles meine Schuld«, sage ich leise, während mir die Tränen über das Gesicht laufen. »Du musst aufwachen, bitte, bitte, lass mich nicht allein.«

Es dauert eine Ewigkeit, bis er die Augen aufschlägt. »Was ist denn passiert, Phyllis?«, fragt er verwirrt.

∗ ∗ ∗

Wieder hatten wir wahnsinniges Glück. Der Wagen war zwar Schrott, aber Silas und ich hatten außer blauen Flecken und Schnittwunden nichts weiter abbekommen. Doch der Schreck saß tief, das Gefühl der Bedrohung wurde zum Dauerzustand. Es betraf uns alle gleichermaßen: mich, meine Mitkläger und die Leute, die sich bereit erklärt hatten, im Prozess als Zeugen auszusagen. Seitdem die Verhandlungen begonnen hatten, konnte niemand von uns mehr beruhigt schlafen.

Unser wichtigster Zeuge im Prozess ist Samuel Obuche: der Mann, der die parlamentarische Untersuchungskommission geleitet hat, deren Bericht Anastasia und ich einsehen konnten, der aber nie veröffentlicht wurde. Obuche stand anfangs nicht auf unserer Seite. Aber im Laufe seiner Recherchen erkannte er die Versäumnisse der NEMA und erklärte sich bereit, für uns auszusagen. Obuche ist unser Trumpf im Ärmel: Ich freue mich schon auf den Moment, an dem er vor Gericht sein Insiderwissen auspackt. Dann werden all die Erkenntnisse, die die NEMA vertuschen wollte, ans Licht gelangen. Und unsere Richterin, Frau Omolo, wird sicherlich sehr beeindruckt von seiner Aussage sein.

Kurz vor dem entscheidenden Termin im Dezember 2017 rufe ich Samuel noch einmal an, um mich ein letztes Mal mit ihm abzustimmen. Vor einer Woche hatte er mir erzählt, dass er an einer wissenschaftlichen Tagung teilnehmen werde. Mittlerweile müsste er zurück sein.

»Am Apparat von Samuel Obuche«, meldet sich eine Frauenstimme, vermutlich seine Ehefrau.

»Hier Phyllis Omido«, sage ich. »Ich würde gerne mit Samuel sprechen.«

Am anderen Ende vernehme ich merkwürdig glucksendes Geräusch, dann folgt Stille. »Samuel ist tot«, stößt die Frau schließlich hervor.

»Was?« Ich bin so perplex, dass ich kein Wort herausbringe. Samuel tot? Ich habe doch eben erst noch mit ihm gesprochen, da war er quicklebendig. Ich kann nicht fassen, was ich gerade gehört habe.

»Ich fand ihn gestern in seinem Bett«, sagt die Frau. »Die Ärzte sagen, er habe einen Herzinfarkt gehabt.« Wieder beginnt sie zu weinen.

Dass unser wichtigster Zeuge, der sich bislang bester Gesundheit erfreute, so kurz vor seinem großen Auftritt vor Gericht einen Herzinfarkt erleidet, kann ich einfach nicht glauben. »Haben Sie denn die Polizei informiert?«, frage ich deshalb.

»Was soll das nutzen? Samuel ist tot.«

Ich fühle mich hundeelend. Ich habe Samuel bestärkt, diese Aussage zu machen, und ich bin mir sicher, dass unsere Gegner genau das verhindern wollten.

»Es tut mir so unendlich leid«, sage ich hilflos zu seiner Frau. Ich bin so geschockt, dass ich ihr nicht einmal ordentlich mein Beileid aussprechen kann. Bei Samuels Beerdigung schwöre ich mir, alles dafür zu tun, dass keinem anderen unserer Zeugen dasselbe Schicksal widerfährt. Aber erst Mitte 2018 kann ich endlich durchsetzen, dass ein Zeugenschutzprogramm ins Leben gerufen wird.

Verantwortlich für die Sicherheit unserer Zeugen ist jetzt der Staat, genauer: die Polizei. An den Gerichtstagen muss sie unsere Zeugen, die inzwischen an geheimen Orten leben, von dort abholen und in ein Hotel in Mombasa fahren, das dann rund um die Uhr bewacht wird. Die Beamten transportieren unsere Leute auch zum Gericht und geleiten sie dort in einen speziell gesicherten Verhandlungssaal. Natürlich garantiert das alles noch keinen hundertprozentigen Schutz. Wichtig ist aber, dass die Polizei in der Verantwortung steht.

Für mich selbst greift das Zeugenschutzprogramm leider nicht. »Das ist nicht machbar«, ließ mich der Polizeichef wissen. Ich sei mittlerweile zu prominent. »Das würde unsere Kapazitäten übersteigen.«

Nun ja. Was soll ich sagen? Immerhin ist im Zuge der Presseberichterstattung über den Prozess und seine unschönen Begleitumstände auch eine Menschenrechtsorganisation auf meine Situation aufmerksam geworden: die »Coalition of Human Rights Defenders«. Und die wiederum steht in Kontakt mit einer schwedischen NGO, den »Civil Rights Defenders«, die sich weltweit um Aktivisten in Gefahr kümmert und entschieden hat, mich zu unterstützen.

Die Civil Rights Defenders waren ein Glücksfall für mich: Sie schickten mir ein Notruf-Armband. Damit kann ich Alarm schlagen, sobald ich mich bedroht fühle: Wenn ich den Knopf drücke, klingelt in Stockholm ein Telefon. Der Aktivist, der den Notruf annimmt, kann über die GPS-Daten, die das Band übermittelt, meinen genauen Aufenthaltsort bestimmen und eine Kontaktperson vor Ort verständigen: Silas zum Beispiel oder die Person, die gerade im Center for Justice Bereitschaftsdienst hat. Wenn diese mich per Telefon nicht erreichen können, kommen sie direkt zum übermittelten Ort, um nach mir zu sehen. Unterdessen bleibt die Person in Stockholm die ganze Zeit über am Ball. Sollte ich nicht auffindbar sein, geht sofort eine Meldung an die internationalen Presseagenturen heraus.

Das ist zwar keine Lebensversicherung, aber es beruhigt mich. Bislang habe ich das Armband nur ein einziges Mal benutzt. Als ich nach einem Gerichtstermin glaubte, von einem Wagen verfolgt zu werden, löste ich den Notruf aus und fuhr zu einer Tankstelle, um unter Leuten und in der Öffentlichkeit zu sein. Das verdächtige Auto hielt nicht weit entfernt auf der Straße. Als mein Bruder wenig später eintraf, fuhr der Wagen davon.

»Was war los, Phyllis?«, erkundigte sich Silas.

»Ich hatte das Gefühl, dass ich verfolgt werde, aber … vielleicht habe ich mir das auch nur eingebildet.«

Es ist schwer, eine wirkliche Bedrohungssituation klar zu erkennen, wenn man in ständiger Anspannung lebt. Irgendwann sieht man hinter jedem Busch einen Täter lauern.

* * *

Dass wenigstens unser Prozess bislang positiv läuft, haben wir indirekt Samuel Obuche zu verdanken. Wochen vor seinem »Herzinfarkt« hatten wir uns zu Tonbandaufnahmen getroffen. Auf den Bändern befinden sich Aussagen wie: »Owino Uhuru hätte umgehend evakuiert werden müssen« – oder: »Die NEMA hat in dieser Sache kläglich versagt«.

Diese Bänder spielen wir nun im Gerichtssaal ab. Und Richterin Omolo, die ich als sehr fair erlebe, lässt die Aussagen als Beweismaterial zu. Unsere Gegner hat das ziemlich erschreckt. Hesron Awiti wurde unter seinem Hut ganz blass, als er Obuche quasi aus dem Jenseits sprechen hörte. Wer weiß, vielleicht ging ihm durch den Kopf, dass sie den armen Samuel ganz umsonst umgebracht haben.

Awiti und die Behörden schieben sich gegenseitig die Schuld in die Schuhe. Aber das nutzt ihnen nichts, denn wir können nachweisen, dass sie alle versagt haben. Manchmal aus bloßer Nachlässigkeit, etwa, wenn sie unsere Warnungen und Hilferufe ignorierten. Doch in den meisten Fällen vorsätzlich: Dass die Menschen von Owino Uhuru dafür mit ihrer Gesundheit und sogar mit ihrem Leben bezahlten, nahmen sie wissentlich in Kauf. Schließlich gab es viel Geld zu verdienen.

Mehr als drei Jahre sind vergangen, seitdem wir unsere Klage eingereicht haben. Und jeder einzelne Tag, der seitdem vergangen ist, war sowohl nervenaufreibend als auch ein Geduldsspiel. Ich hätte mir nicht träumen lassen, dass das alles so lange dauert: Für mich schien die Sachlage so klar, dass ich glaubte, jeder Richter müsse dies ebenfalls sofort erkennen. Aber die Wirklichkeit sieht anders aus. Trotzdem habe ich meinen Optimismus noch nicht ganz verloren. Dann habe ich das Gefühl, wir stehen kurz vor dem Ziel: Dann meine ich, dass es nur noch Wochen dauern kann, bis ein Urteil zu unseren Gunsten gefällt wird. Doch natürlich weiß ich, dass sich die Dinge in Kenia schnell drehen können. Auch wenn sich die Richterin bislang sehr aufgeschlossen gegenüber unseren Argumenten und Beweisen zeigte, kann ich mich nicht darauf verlassen, dass das so bleiben wird: Vielleicht werden Awiti und seine Komplizen auch sie irgendwann kaufen oder unter Druck setzen. Vielleicht tun sie es bereits.

Wie auch immer sich die Dinge entwickeln sollten, einer Sache bin ich mir sicher: Die Menschen von Owino Uhuru haben Gerechtigkeit verdient. Deshalb werde ich nie klein beigeben. Wir sind so weit gekommen, dass Aufgeben keine Option ist. Ganz im Gegenteil: Wenn wir vor Gericht siegen sollten, habe ich bereits Pläne. Dann nämlich wäre ein Präzedenzfall gegeben. Für die 17 kenianischen Gemeinden, die auf dieselbe Weise wie Owino Uhuru mit Blei vergiftet wurden, wären das gute Nachrichten: Sie können dann ebenfalls einen Prozess anstreben – und natürlich werde ich ihnen dabei helfen.

Aber warum spreche ich eigentlich nur von Kenia? In ganz Ostafrika wurden und werden Menschen durch die Gier der Reichen und ihrer staatlichen Komplizen getötet. Wenn es uns jetzt gelingt, Gerechtigkeit für einige von ihnen zu erstreiten, dann sollte das später auch für andere möglich sein – für alle. Dafür werde ich mich einsetzen.

Klimawandel
ganzheitlich gedacht

Der heute vorherrschende Konsens über unser Klima lässt wenig Raum für andere ökologische Anliegen. Taktiken und Ziele des Klimaschutzaktivismus folgen immer noch dem gleichen Muster, das überhaupt erst zu Klimawandel und Umweltzerstörung geführt hat: Probleme wie Genmanipulation, riesige Biosprit-Plantagen oder die Anlage von Staudämmen werden ignoriert oder sogar als Lösung angeboten, was zu einer weiteren Verschärfung der Entwicklungs- und Globalisierungsproblematik führt.

In seinem Buch *Klima* plädiert Charles Eisenstein dafür, dass wir uns wieder dem Wasser, dem Boden, den Wäldern und dem Naturschutz zuwenden, denn vieles, was Treibhausgasen und globaler Erwärmung zugeschrieben wird, ist in Wahrheit unserem separatistischen Weltbild geschuldet, das zur Krise unseres Planeten geführt hat. In *Klima* kommt Eisenstein zu dem Schluss, dass es nicht ausreicht, lediglich neue Formen der Energiegewinnung oder des Konsums einzuführen, um eine »nachhaltige Entwicklung« zu ermöglichen. Vielmehr bedarf es eines radikalen Umdenkens im Sinne eines ganzheitlichen Fühlens und Handelns, das die Verbundenheit aller Menschen, aber auch die Verbundenheit von Mensch und Natur ins Zentrum stellt, um einen positiven Wandel zu ermöglichen.

www.europa-verlag.de

Charles Eisenstein

Klima

Eine neue Perspektive

Ab Herbst 2019
im Europa Verlag

EUROPAVERLAG

Hardcover mit Schutzumschlag · ISBN 978-3-95890-260-2

EUROPAVERLAG